María Wagner Civera

Matarme haría mucho ruido

Ernst Klett Verlag
Stuttgart · Leipzig

Zusatzangebote im Internet:
Auf einigen Seiten im Buch stehen Mediencodes.

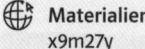 **Materialien**
x9m27y

Diese führen im Internet zu **Audios, Videos,**
Abbildungen oder **Lösungen**. Einfach den Code
in das Suchfeld auf www.klett.de eingeben.

1. Auflage 1 8 7 6 5 4 | 30 29 28 27 26

Alle Drucke dieser Auflage sind unverändert und können im Unterricht nebeneinander
verwendet werden. Die letzte Zahl bezeichnet das Jahr des Druckes.

Autorin: María Wagner Civera, Den Haag

Redaktion: Bernd Binkle, Covadonga Uribe Martín
Herstellung: Ralf Thielicke

Illustrationen: David Revilla López, Barcelona
Satz: Satzteam 7, Bondorf
Druck: AZ Druck und Datentechnik GmbH, Kempten/Allgäu

Printed in Germany
ISBN 978-3-12-537309-9

ÍNDICE

Prólogo

Liebe Leserin, lieber Leser,

Matarme haría mucho ruido ist wohl die erste spanische Lektüre, der du begegnest. Es handelt sich dabei um einen Krimi, der Besonderheiten aufweist. Hierzu einige Hinweise:

Du hast als **Leser** eine ganz spezielle **Rolle**: Du bist nämlich nicht nur Leser, sondern auch ein **Protagonist**. Du bist also vor Ort und nimmst aktiv am Geschehen teil! Und nicht nur das – du wirst dazu beitragen, den Fall zu lösen.

Tatort ist die Stadt Bilbao. Du besuchst dort Ignacio, den du von einem Schüleraustausch her kennst. Er studiert Informatik und macht gerade ein Praktikum bei einer Softwarefirma. Zu seinen Aufgaben gehört u.a., seine Kollegen auf einer Messe zu unterstützen. Und dort wird er dann einen Toten entdecken. Auf der Seite 6 erhältst du einen Überblick der Schauplätze.

Die Aufgabe, das Verbrechen aufzuklären, übernimmt die Kommissarin Gloria Garay, die dabei von ihrem Kollegen Santiago Larralde unterstützt wird.

Jetzt zum **Aufbau** der Lektüre. Auch hier gibt es einiges zu sagen:
- Der Krimi ist in zwölf Kapitel aufgeteilt.
- Auf jedes Kapitel folgt immer der Teil *¡Ahora te toca a ti!* Wie der Titel schon aussagt (= Jetzt bist du dran!), musst du in diesen Teilen aktiv werden: Du findest hier immer Aufgaben, die du lösen musst, um den Fall voran-zubringen. Immer musst du dazu online gehen. Der Online-Code **x9m27y**, der in der Randspalte angegeben ist, verweist auf Audios, Zeichnungen usw., die jeweils weitere Einzelheiten des Falls beinhalten.

Die Lektüre enthält natürlich **Vokabeln**, die du noch nicht kennst. Einige kannst du erschließen, weil sie z. B. englischen oder deutschen Wörtern entsprechen. Vokabeln, deren Bedeutung du nicht ableiten kannst, sind als Fußnoten unten auf jeder Seite angegeben.

Matarme haría mucho ruido dient nicht nur dem Lesevergnügen. Ziel der Lektüre ist auch, die grammatischen Pensen, die du in den vier Modulen von *¡Adelante!* gelernt hast, zu festigen und zu üben. So kannst du dein Spanisch weiter verbessern und das Niveau B1 des Gemeinsamen Europäischen Referenzrahmens erreichen.

Die **Grammatikübungen** werden ab Seite 64 angeboten. Es gibt zu jedem Pensum zwei Angebote: eine Übungsauswahl, die man in Einzelarbeit erledigen kann, und eine für die Partnerarbeit. Nach jedem Kapitel steht ein Hinweis mit der entsprechenden Seitenzahl, welches grammatische Pensum erarbeitet werden sollte. Am Schluss gibt es Übungen, in der verschiedene grammatische Pensen gemischt werden: *Un poco de todo*. Alle Übungsangebote sind jeweils auf den Wortschatz des entsprechenden Kapitels (inklusive der Seite *¡Ahora te toca a ti!*), abgestimmt; die neuen Vokabeln werden also vorausgesetzt.

Matarme haría mucho ruido wurde von der spanischen Autorin María Wagner Civera geschrieben, die Lektüre ist also authentisch. Du wirst beim Lesen feststellen, dass es grammatische Pensen gibt, die du noch nicht kennengelernt hast, die aber zur spanischen Sprache gehören. Im Folgenden werden sie kurz erklärt.

La negación (die Verneinung)

No pudo hacer **nada** por Javier. **Nunca** hablaba de sus cosas.	Wenn *nunca* (niemals), *nada* (nichts), *tampoco* (auch nicht), *ni... ni* (weder ... noch) und *nadie* (niemand) **nach** dem Verb stehen, muss zusätzlich vor dem Verb *no* stehen. Die Bedeutung des Satzes ändert sich dadurch aber nicht.

El pretérito pluscuamperfecto (das Plusquamperfekt)

Quizás alguien más **había visto** o **escuchado** algo.

había ido	habíamos ido
habías ido	habíais ido
había ido	habían ido

Du kennst schon das *pretérito perfecto*, das sich aus der Präsensform von *haber* und dem *participio* zusammensetzt. Die Vorvergangenheit, das *pluscuamperfecto*, setzt sich aus dem *imperfecto* von *haber* und dem *participio* zusammen.

Nun wünschen wir dir viel Lesevergnügen und Spaß beim Lösen des Kriminalfalls!

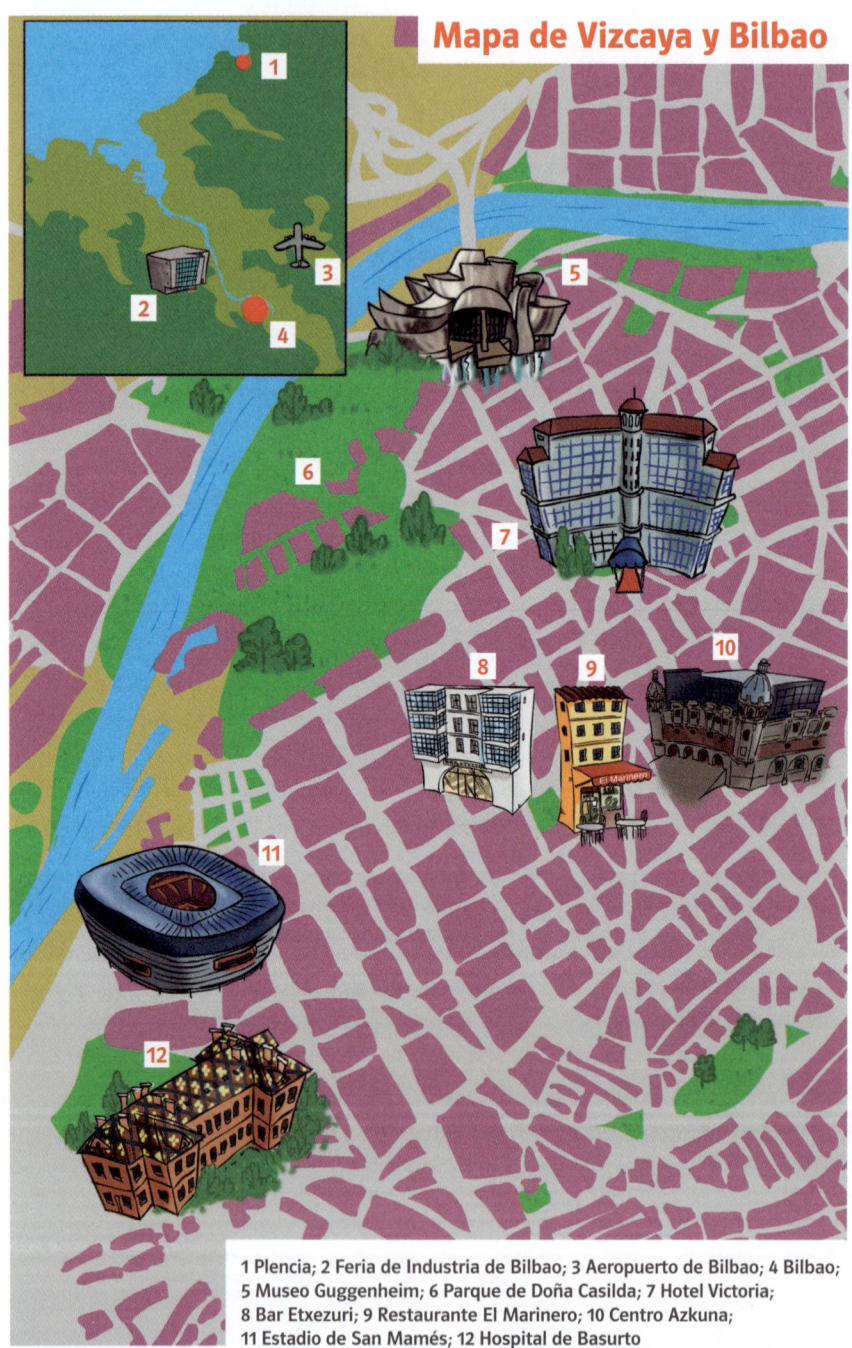

Mapa de Vizcaya y Bilbao

1 Plencia; 2 Feria de Industria de Bilbao; 3 Aeropuerto de Bilbao; 4 Bilbao;
5 Museo Guggenheim; 6 Parque de Doña Casilda; 7 Hotel Victoria;
8 Bar Etxezuri; 9 Restaurante El Marinero; 10 Centro Azkuna;
11 Estadio de San Mamés; 12 Hospital de Basurto

Antes de la lectura

La escritora María Wagner Civera ha elegido la ciudad de Bilbao y sus alrededores (*die Umgebung*) como escenario de *Matarme haría mucho ruido*. Antes de empezar a leer el primer capítulo y para conocer un poco esta parte de Vizcaya:

a) Infórmate sobre los siguientes aspectos de la ciudad:

> geografía   economía   clima   lengua   medios de transporte
>
> cosas que hay que ver en la ciudad   gastronomía   …

> También puedes hacer un proyecto solo o con uno de tus compañeros sobre alguno de los puntos anteriores y presentarlo en clase.

b) Mira el mapa (*die Karte*) de la página anterior para hacerte una idea de dónde tiene lugar (*sich abspielen*) el crimen.

c) Busca en Internet…

… los siguientes lugares de Bilbao:
- la estación de metro de Moyúa
- la Facultad de Ingeniería de la Universidad de País Vasco
- el Museo Guggenheim
- el Hospital de Basurto
- el Centro Azkuna (la Alhóndiga)
- el estadio de fútbol de San Mamés
- el parque de Doña Casilda

… las siguientes calles de Bilbao:
- la calle Indauchu
- la calle Licenciado Poza
- la Gran Vía de Bilbao
- la calle Iparraguirre
- la calle Ercilla
- la Alameda San Mamés

… las siguientes plazas de Bilbao:
- la plaza de Bizkaia
- la plaza de Arriquíbar
- la plaza Moyúa
- la plaza del Sagrado Corazón
- la plaza de Euskadi

… los siguientes lugares de Vizcaya:
- la ciudad de Baracaldo y la estación de metro de Ansio
- el pueblo de Plencia
- el aeropuerto de Bilbao

Protagonistas de *Matarme haría mucho ruido*

Javier Iturbe, de 22 años, nació en Bilbao.
Es un brillante alumno de Biotecnología de la
Universidad de Stanford, en Estados Unidos.
5 Quiere presentar en la Feria de Industria de
Bilbao en Baracaldo un invento que cree que
revolucionará el mundo.

Pablo Álvarez, de 22 años, es amigo de Javier
desde hace muchos años. Tiene el pelo rizado
10 y es moreno. Además, lleva en la nuca un tatuaje
muy pequeño del Athletic Club, el club de fútbol
de Bilbao. Estudia Ingeniería en la Universidad
del País Vasco (UPV).

Leire Urcelay, de 21 años, es la novia de Javier
15 y la mejor amiga de Ane. Es muy guapa y morena.
Tiene el pelo largo y rizado. A Leire le encantan
las cosas caras. Estudia Medicina y ahora está
haciendo unas prácticas en el Hospital de
Basurto, en Bilbao.

20 **Ane Basterra**, de 21 años, es amiga de Leire
y de Javier. Es pelirroja, alternativa y muy
ecologista. Estudia Biotecnología en la UPV.

Andrew Collins, de 44 años, es uno de los
profesores de Javier y está representando a
25 la Universidad de Stanford en la Feria de
Industria de Bilbao. Collins es una persona
inteligente y muy ambiciosa. Es un hombre
muy alto que tiene ya algunas canas.

---

1 el/la protagonista – der Protagonist/die Protagonistin; **1 el ruido** – das Geräusch, der Lärm;
2 nacer – geboren werden; **5 la feria** – die Messe; **5 el invento** – die Erfindung; **6 revolucionar
algo** – etw. revolutionieren; **8 rizado,-a** – lockig; **10 la nuca** – der Nacken; **10 el tatuaje** –
die Tätowierung; **18 las prácticas** – das Praktikum; **24 representar algo/a alguien** – etw./jdn
vertreten; **27 ambicioso,-a** – ehrgeizig; **28 las canas** – weiße Haare

Gloria Garay, de 32 años, trabaja en el Servicio de Investigación Criminal Territorial de Vizcaya (SICTV), un departamento de la Ertzaintza (Policía Autónoma Vasca). La comisaria Garay ya ha resuelto algunos casos difíciles junto con Santiago Larralde. Es una persona muy seria y, siempre que piensa o se preocupa por algo, se toca la oreja. Gloria tiene el pelo castaño y corto y los ojos marrones. Es delgada y no muy alta.

5

Santiago Larralde, de 29 años, trabaja también en el SICTV con la comisaria Gloria Garay, su jefa. Santi es alto, moreno, guapo, elegante y fuerte. Lleva gafas. A veces, tiene un humor un poco raro.

10

Ignacio Echevarría, de 18 años, es de Bilbao y estudia Informática en la UPV. En estos momentos, está haciendo unas prácticas en una empresa. Ignacio sabe mucho de microchips. Hace unos meses, hizo un intercambio con tu instituto y vivió en tu casa. Ahora, sois muy amigos. Tiene el pelo castaño, los ojos marrones y es muy deportista.

15

20

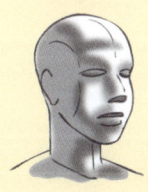

¡Sí! ¡**Tú** también tienes un papel muy importante en esta lectura! Eres de Alemania y ahora estás en Bilbao pasando unos días con Ignacio.

25

Te llamas _____ , eres

de _____ y tienes _____ años.

---

5 **resolver un caso** – einen Fall lösen; 6 **serio,-a** – ernst(haft); 7 **tocarse la oreja** – sich ans Ohr fassen; 12 **el jefe/la jefa** – der Chef/die Chefin; 13 **fuerte** – kräftig, stark; 13 **el humor** – der Humor, die Laune; 14 **raro,-a** – seltsam, eigenartig; 23 **el papel** – die Rolle

Estimada lectora, estimado lector:

Con esta nota me dirijo a ti para preguntarte si ya sabes
que tú eres uno / una de los protagonistas de *Matarme
haría mucho ruido*.
5   Si no es así, lee el prólogo de las páginas 4 y 5 y, después,
mira las páginas 8 y 9. No puedes empezar el capítulo 1
si no has leído antes todas estas páginas.

En este momento, los amigos de Javier (Ane, Leire y
Pablo), Andrew Collins, tu amigo Ignacio y tú estáis
10   declarando en la comisaría de la Ertzaintza porque
sois testigos de este caso. La comisaria Gloria Garay,
su ayudante, Santiago Larralde, y todo su equipo
tienen muchas preguntas sobre la muerte de Javier
y sobre cómo pudisteis encontrar a su asesino.

15   Si quieres saber más, yo te puedo contar exactamente
qué pasó…

¡Saludos de la autora!

---

1 el lector/la lectora – der Leser/die Leserin; **2 la nota** – die Notiz, der Notizzettel; **2 dirigirse *(g-j)***
a alguien – sich an jdn wenden; **10 declarar** – aussagen; **11 el/la testigo** – der Zeuge/die Zeugin;
12 el/la ayudante – der Mitarbeiter/die Mitarbeiterin; **13 la muerte** – der Tod; **14 el asesino/
la asesina** – der Mörder/die Mörderin; **15 exactamente** – genau

1 El muerto

Todo pasó en la Feria de Industria de Bilbao en Baracaldo, una mañana de finales de septiembre. Ese día llovía mucho.

Eran las diez de la mañana del martes, cuando **tu** amigo Ignacio entró al baño y vio a un chico en el suelo. El joven estaba demasiado tranquilo, 5 parecía muerto. Ignacio se acercó a él y puso su mano sobre la mano del chico: estaba muerto de verdad.

En ese momento entró otro joven al baño y miró a los dos.

Un día después, **tu** amigo Ignacio supo que ese joven se llamaba Pablo y que era el mejor amigo del muerto. 10

Pablo se acercó también al chico y le gritó:

—¡Javier! Pero, ... ¿qué te ha pasado?

Después, se dirigió a Ignacio y le dijo:

—Rápido, tenemos que pedir ayuda. ¡Llama al 112!

—¡Yo no puedo! —contestó Ignacio—. ¡Yo no puedo! ¡Llama tú, por favor! 15

—Yo tampoco puedo hacerlo —exclamó Pablo muy nervioso.

—Vale —dijo Ignacio—. Ya llamo yo.

—¡Quédate con él! —continuó Pablo—. Es necesario que no esté solo. Supongo que el médico llegará pronto. Y, por favor, no digas nada de mí a la policía. 20

Entonces, Pablo cogió con mucho disimulo algo del calcetín de su amigo, salió del baño, gritó y pidió ayuda. Al final, desapareció.

Unos cinco minutos más tarde, vino un médico, pero no pudo hacer nada por Javier.

El muerto todavía estaba caliente cuando llegaron los coches de la policía y 25 la comisaria Gloria Garay entró en el edificio. Hablaba y caminaba al lado de un hombre alto y guapo, que llevaba ropa y unas gafas muy elegantes.

—¡Santi! —dijo la comisaria—. ¡Rápido!

—¡Tranquila, Gloria! Ya voy.

—¿Tranquila...? ¡Odio que me digas siempre "tranquila, Gloria"! ¡Santi, nos 30 han llamado para decirnos que tenemos un muerto en un baño! ¡No nos vamos de pinchos!

Cuando llegaron al baño, la comisaria Garay miró al chico y dijo:

—¡Hum...! No hay sangre, no hay daños...

---

1 **el muerto/la muerta** – der/die Tote; 5 **el suelo** – der (Fuß-)Boden; 6 **acercarse** *(c-qu)* **a alguien** – sich jdm (an)nähern; 11 **gritar a alguien** – jdn anschreien; 14 **pedir** *(e-i)* **algo a alguien** – jdn um etw. bitten; 14 **llamar** – (an)rufen; 16 **exclamar** – ausrufen; 19 **el médico/la médica** – der Arzt/die Ärztin; 21 **con disimulo** – heimlich; 22 **desaparecer** *(-zc-)* – verschwinden; 34 **la sangre** – das Blut

Santi cogió la cartera del muerto y leyó:

—Javier Iturbe Anchorena, nacido en Bilbao. Tiene 22 años. Mira, Gloria, hay dinero en la cartera. No le han robado.

Santi no vio nada más raro en el chico del suelo. Solo la comisaria descubrió

5 un pequeño punto rojo en la nuca de Javier. Entonces dijo:

—¡Santi, llama a López! Quiero que analice al muerto. Creo que alguien lo ha pinchado. Y también quiero que controlen las salidas y a todas las personas que hay dentro del edificio.

Después de decir esto, Gloria fue a hablar con Ignacio y le pidió todos sus

10 datos.

Tu amigo, muy nervioso, dijo:

—Yo no soy el asesino. Yo no he matado al chico. Tampoco el joven que entró después de mí al baño. Solo decía: "¡Javier, Javier!". Creo que conocía al muerto. Luego se ha ido. Además, me gritaba: "¡No digas nada a la policía, no digas

15 nada a la policía!". Pero yo no he sido y no me acuerdo de nada más. Lo siento, pero ahora tengo que ir a mi estand. Mi jefa me está esperando.

---

1 la cartera – die Brieftasche; **3 robar algo** – etw. stehlen, etw. rauben; **6 analizar (z-c) algo/a alguien** – etw./jdn analysieren; **7 pinchar a alguien** – jdn stechen; **7 la salida** – der Ausgang; **9 esto** – dies, das; **10 los datos** – die (persönlichen) Angaben, die Personalien; **15 acordarse (-ue-) de algo/de alguien** – sich an etw./jdn erinnern; **16 el estand** – der (Messe-)Stand

—Tranquilo, Ignacio —le dijo Gloria—. ¿Te llamas Ignacio, verdad? Solo unas preguntas más y puedes irte: ¿Cómo era el chico que entró al baño?
—Era alto, moreno y tenía el pelo rizado. Llevaba una chaqueta roja y tenía un tatuaje del Athletic en la nuca. No me acuerdo de más.
—De acuerdo. Y tú, ¿qué haces aquí? 5
—Bueno... Estoy haciendo unas prácticas en una empresa de informática y hoy tengo que ayudar en el estand de la feria.
—Muy bien, Ignacio, vete ahora e intenta acordarte de más cosas —se despidió Gloria—. Luego te llamaremos, pero no te muevas de Bilbao. Eres un testigo o... Un sospechoso. ¡Ah! Aquí tienes el número de teléfono de mi 10 despacho.
Desde ese momento, la vida de Ignacio cambió para siempre y tu vida también. El resto del equipo de la Ertzaintza llegó y uno de los policías encontró una jeringuilla y unos guantes de látex en el baño. Gloria le dijo:
—Es importante que López vea también todas estas pruebas. Esta no ha sido 15 una muerte natural.
Entonces, Santi se fue a pasear por el edificio. Quizás alguien más había visto o escuchado algo. La comisaria se sentó sola en un banco que había enfrente de los baños y empezó a buscar información sobre el muerto con su móvil. Después, escribió unas notas con un bolígrafo verde en su cuaderno.

20

Feria de Industria, 28 de septiembre
Javier Iturbe Anchorena, 22 años. Nacido en Bilbao.
Alumno número uno de su año en el colegio Nuestra
Señora de Begoña de los Jesuitas de Bilbao.
Estudió Biotecnología en la UPV. JIA sigue desde hace un 25
año sus estudios en la Universidad de Stanford. Allí
trabaja con el equipo del profesor Collins. Estudiante de
mucho éxito.
Persona amable y deportista.
Su familia y sus mejores amigos viven en Bilbao. 30
Tiene novia desde hace dos años.
Quería registrar su invento en la oficina de patentes aquí,
en Bilbao.

---

8 intentar algo – etw. versuchen; **8 despedirse** *(-i-)* **de alguien** – sich von jdm verabschieden;
10 el sospechoso/la sospechosa – der/die Verdächtige; **11 el despacho** – das Büro;
14 la jeringuilla – die Spritze; **14 el guante** – der Handschuh; **15 la prueba** – der Beweis;
18 sentarse *(-ie-)* – sich setzen; **18 el banco** – die Bank; **20 el bolígrafo** – der Kugelschreiber;
25 seguir *(e-i)* **algo** – etw. fortsetzen; **32 la oficina de patentes** – das Patentamt

¡Ahora te toca a ti!

Hace unos meses, Ignacio Echevarría hizo un intercambio con tu instituto y vivió en tu casa. Desde entonces sois muy amigos. Ahora estás en Bilbao pasando unos días con Ignacio.

5 Ignacio empezó hace dos semanas unas prácticas y tenía que ayudar en el estand de la empresa en la Feria de Industria de Bilbao en Baracaldo.

El tiempo en Bilbao no era bueno. Llovía mucho y, por eso, decidiste acompañar a tu amigo y pasar el día en la feria. Sí, tú también estabas en la Feria de Industria de Bilbao en Baracaldo. Llegasteis temprano 10 a la feria y, mientras Ignacio entraba al baño, tú lo esperaste fuera, en el pasillo. Allí hiciste unos *selfies* y unos vídeos con tu móvil y escuchaste una conversación entre unos jóvenes.

Ignacio todavía estaba dentro, cuando, de repente, un chico salió del baño: gritó y pidió ayuda. Te asustaste y no hiciste nada. Estabas en *shock*. Unos 15 minutos más tarde, llegó un médico y, luego, la policía. Tú viste al muerto desde el pasillo. Los policías hablaron con Ignacio y, cuando acabaron de hablar, Ignacio te dijo: *"¡Ha pasado algo horrible! Tengo que ir al estand para hablar con mi jefa. Si quieres, puedes irte y hablamos después en casa".* Después, Ignacio se marchó y, entonces, todavía en la feria, miraste el móvil. 20 De repente, te diste cuenta de que el chico que estaba en el suelo del baño era el mismo chico que antes estaba hablando con una chica en el pasillo.

 Videos
x9m27y

Mira los vídeos, pon mucha atención a la conversación entre Leire y Javier en un pasillo de la feria y explica en tu cuaderno los siguientes puntos:

- ¿Cómo es la relación entre Leire y Javier?
- ¿Por qué quiere presentar Javier el invento en Bilbao?
- ¿De quién es el invento?
- ¿Cómo es la situación económica de Andrew Collins?
- ¿Dónde lleva siempre Javier el microchip?
- ¿Qué relación tiene Ane con Javier?

→ El subjuntivo: Ejercicios individuales Pág. 64

---

10 fuera – draußen; **10 el pasillo** – der Flur, der Gang; **13 asustarse** – sich erschrecken; **18 marcharse** – (weg)gehen; **19 darse cuenta de algo** – etw. (be)merken; **21 el mismo/la misma** – der, die, das gleiche/der-, die-, dasselbe

2 Más interrogatorios

Unos minutos más tarde, la comisaria vio llegar a Santi con dos chicas que lloraban. Sin embargo, Santi parecía contento: había encontrado a unas testigos. Gloria le dijo:

—Lee esto. ¡¿Por qué ponen los jóvenes tanta información en las redes?! 5
Bueno, esto nos ayuda, pero no sé... ¡Un día tendrán problemas!
Santi leyó rápidamente las notas del cuaderno de Gloria y contestó:

—Gloria, te presento a Leire, la novia de Javier, y esta es Ane, una buena amiga de Leire y Javier. Me han dicho que han estado con él esta mañana.

—Lo siento mucho, chicas. Javier era tan joven... —dijo la comisaria y se 10
levantó del banco—. Sé que estáis tristes y preocupadas, pero necesito vuestra ayuda, por favor.

—Sí, claro —contestaron las chicas, que casi lloraban más que hablaban.

—Solo será un momento —les dijo Gloria—. Me gustaría haceros algunas preguntas y, después, podréis iros. ¿Por qué vino Javier a Bilbao? 15

—Porque quería presentar un proyecto: su invento —explicó Leire—. Creo que es algo que mueve millones de euros. Lo tenía que patentar hoy para poder presentarlo esta tarde en la feria y en las redes sociales.

—¿Qué proyecto es ese? —preguntó la comisaria.

—No lo sabemos —contestó Ane—. Ya hemos hablado de eso con Santi. 20

—¿Santi? —dijo la comisaria y, entonces, se dirigió a su ayudante—. Después quiero hablar contigo.

—¿Conmigo? —preguntó Santi—. Sí, bueno... Es que todos somos muy jóvenes y les he dicho que me pueden llamar así.

—¡Puf! Bueno, chicas, contestadme: ¿En qué proyecto trabajaba Javier ahora? 25

—Javier trabajaba en Biotecnología, pero nunca hablaba de sus cosas —dijo Leire—. Su trabajo era un secreto.

—Y, ¿cómo sabéis entonces que Javier quería patentar hoy su invento, si no hablaba de su trabajo? —preguntó la comisaria.

Las dos chicas se callaron y, de repente, empezaron a llorar otra vez. Entonces, 30
Santi intentó tranquilizarlas y dijo:

—Chicas, tranquilas. Solo queremos haceros unas preguntas más y terminamos, ¿vale? ¿Por qué estáis las dos aquí, en la feria?

—Pues, yo también estudio Biotecnología y quería escuchar a Javier —contestó Ane muy nerviosa—. Pero ahora... 35

---

1 el interrogatorio – das Verhör, die Befragung; **3 sin embargo** – aber; **3 contento, -a** – glücklich, zufrieden; **10 tan** – so (sehr); **11 triste** – traurig; **17 mover *(-ue-)* algo** – etw. bewegen; **17 patentar algo** – etw. patentieren (lassen); **20 eso** – das, dies; **22 contigo** – mit dir; **23 conmigo** – mit mir; **31 tranquilizar a alguien** – jdn beruhigen

—Yo estudio Medicina —la interrumpió Leire—. En estos momentos estoy haciendo unas prácticas en el Hospital de Basurto. Además, me interesa mucho la Biotecnología y, claro, Javier nos dio unas entradas VIP... Teníamos muchas ganas de escuchar su presentación y...

5 —Entiendo —dijo la comisaria mientras se tocaba la oreja, algo que siempre hacía mientras pensaba.

Esto ponía nervioso a Santi, pero no dijo nada.

—¿Conocéis al profesor Collins? —continuó Gloria.

—No, Javier todavía no nos lo había presentado.

10 —¿Sabéis si Javier tenía enemigos? —les preguntó Santi.

—¿Y algún buen amigo? —interrumpió Gloria.

—Sí, claro —dijo Ane—. Pablo. Él es el mejor amigo de Javier. Son amigos desde los seis años. Creo que también quería venir, pero yo no sé...

—No, no quería venir —interrumpió Leire—. Bueno, sí... Pero vendrá solo 15 esta tarde: a la presentación. Por la mañana quería pasear a su perro. No sé si Javier tenía enemigos. Ya le he dicho: mi novio no hablaba mucho.

Gloria se tocó la oreja una vez más. Santi no lo soportaba y pensó: "¡Ya es la segunda vez que se toca la oreja hoy!".

—¿Me podéis describir a Pablo, por favor? —dijo Gloria.

20 —Pues, es alto, con el pelo rizado y un tatuaje en la nuca —contestó Leire.

—¿Un tatuaje? —preguntó Santi.

—Sí —continuó Leire—. Un tatuaje del Athletic.

—¡Ajá! —dijo la comisaria—. Y, ¿es rubio o moreno?

—Es muy moreno —contestó esta vez Ane.

25 —Muy bien, gracias —dijo Gloria—. Y, las últimas preguntas por hoy, ... ¿Qué os dijo Javier la última vez que lo visteis? ¿Creéis que estaba preocupado por algo? ¿Sabéis por qué alguien querría darle un pinchazo?

La comisaria vio a las chicas bastante asustadas.

Leire y Ane no contestaron durante unos segundos. Entonces, Ane miró 30 preocupada a Leire. No sabía muy bien qué decir, así que explicó:

—Pues, Javier nos dijo una cosa: que la idea del proyecto era solo "su idea" y no del profesor Collins.

—Pero... ¿Creéis que tenía problemas con su profesor o con otra persona? Os hago otra vez la pregunta que os ha hecho Santiago Larralde. Pensadlo bien. 35 ¿Tenía Javier enemigos? ¿Estaba preocupado por algo?

—Creemos que no —contestó Leire.

---

1 interrumpir a alguien – jdn unterbrechen; **2 interesar a alguien** – jdn interessieren; **5 entender (-ie-) algo** – etw. verstehen; **7 ponerse (irr.)** – werden; **7 nervioso,-a** – nervös; **12 ¡Claro!** – Klar.; **19 describir algo/a alguien** – etw./jdn beschreiben; **27 el pinchazo** – der Einstich

—¿Nos podemos ir ya? —quiso saber Ane.

—No, esperad... Una cosa más —continuó Gloria—. ¿Dónde habéis estado y qué habéis hecho durante toda la mañana?

—¡Uf! ¡Es como en las películas! —dijo Ane.

—¡Esto no es ninguna broma! —exclamó Gloria—. Ha habido un asesinato. 5

—Perdón, pero, ¿de verdad piensa que somos las asesinas? —quiso saber Ane—. Yo pasé mucho tiempo en un banco de la entrada con un plano de la feria y las actividades del día, y Leire...

—Yo, también —la interrumpió Leire por tercera vez—. Yo estuve todo el tiempo charlando con Ane. Ninguna de nosotras ha estado sola. 10

La comisaria miró a Santi con ojos que decían: "No creo a estas dos" y, después, dijo a las chicas:

—Podéis iros a casa, pero dadme vuestros datos. Y, otra cosa, por si acaso, no salgáis de Bilbao en los próximos días.

---

5 ningún, ninguno, -a, -os, -as – kein, -e, -er, -es; **5 la broma** – der Witz; **5 el asesinato** – der Mord; **7 la entrada** – der Eingang; **10 charlar** – sich unterhalten; **13 por si acaso** – für alle Fälle, vorsichtshalber

Ane y Leire escribieron sus datos. Cuando se querían ir, Santi les dijo:

—No os olvidéis del bolso y de la mochila, chicas.

Las dos cogieron sus cosas y, después, se fueron casi sin despedirse. En ese momento, la comisaria se tocó la oreja. ¡La tercera vez ese día! Santi miró a su
5 jefa. La comisaria todavía no sabía que el policía estaba enamorado de ella. Gloria era una persona fuerte, pero muy sensible. Estaba divorciada y vivía sola desde hacía un año. A Santi le gustaba como mujer y, además, admiraba su profesionalidad. Gloria era muy inteligente, tenía una formación muy buena y una enorme pasión por su trabajo. Era también una persona con una
10 gran energía. Pero, en este momento, parecía preocupada y, por eso, le dijo:

—Gloria, vamos a comer algo y, luego, continuamos.

—No, Santi. Ahora no tenemos tiempo para comer: Hay que visitar a alguien lo antes posible.

—Al profesor Collins, ¿verdad?

15 —Sí, claro, a Andrew Collins —contestó Gloria y sonrió.

—Pues, yo estaba pensando también en... Ignacio y Pablo.

—Sí, Santi, los vamos a visitar también, pero más tarde. Y, además, tenemos que controlar a Leire y a Ane. No las creo del todo. No nos han dicho toda la verdad. Y tampoco tengo claro quién de las dos es realmente la novia del
20 muerto. ¡Vamos, Santi!

—Pero yo tengo hambre y ya sabes que con hambre no puedo trabajar.

—Está bien. Compra dos bocadillos y los tomamos en el coche. Tenemos que ir al Hotel Victoria. He hablado con el director de la feria. Parece que ayer cenó con Andrew Collins y que lo llevó al Victoria después de cenar.

25 —Perfecto —contestó Santi.

—¡Ah! —dijo Gloria—. ¡No! ¡Tengo una idea mejor! Tú vuelves en metro al centro y nos encontramos delante del hotel. ¡Y espero que escuches algo nuevo sobre el muerto! Seguro que hay mucha gente en la estación y esto nos podría ayudar mucho.

30 Santi nunca supo cuándo había hablado su jefa con el director de la feria. Siempre había estado cerca de ella y no la vio llamar a nadie. En ese momento, solo pensaba: "Otro día sin comer y, además, tengo que volver a Bilbao en metro, con tanta gente... Mi jefa cada día está más loca".

---

2 el bolso – die Tasche; **5 enamorado,-a de** – verliebt in; **6 sensible** – empfindlich; **7 divorciado,-a** – geschieden; **8 admirar algo/a alguien** – etw./jdn bewundern; **14 lo antes posible** – so schnell wie möglich; **16 sonreír** *(e-í/i)* – lächeln; **19 no... del todo** – nicht wirklich; **20 realmente** – wirklich; **22 el hambre** *(f.)* – der Hunger; **28 esperar algo** – etw. hoffen; **34 loco,-a** – verrückt

¡Ahora te toca a ti!

Ignacio se fue a su estand. Estaba muy nervioso y tuvo que sentarse.
Su jefa lo miró, habló unas palabras con él y, unos minutos más tarde,
lo mandó a casa porque Ignacio estaba muy afectado.

Cuando pasó esto, tú ya estabas yendo a la estación de metro de Ansio.   5
Todo fue muy rápido y no pudiste quedar con tu amigo para volver juntos
a casa.

Mucha gente salía en ese momento de la feria y quería tomar el metro para
volver a Bilbao. Por eso, entre tantas personas, no pudiste ver a Ignacio.
Pero, sí, él estaba en el metro y tú también, pero en diferentes vagones.   10

En el metro escuchaste unas conversaciones que te parecieron muy raras.
Cuando llegaste a la estación de Moyúa, la que está cerca de la casa de
Ignacio, tomaste notas de las conversaciones para no olvidarlas.

Escucha las siguientes conversaciones: ⊕ Videos
x9m27y

1. En la primera habla Andrew Collins por teléfono.
   • Describe al profesor.
   • Haz un pequeño resumen de su conversación.

2. En la segunda hablan Leire, Pablo y Ane en el metro.
   • Explica por qué quería robar Pablo a Javier.
   • Escribe qué dijo Javier en su mensaje.
   • Escribe qué llevaba Leire en su bolso.

Ya conoces la conversación que tuvieron Ane y Leire en un pasillo
de la feria y que tú escuchaste en el capítulo 1 (Vídeo 3).
• Busca ahora, en el capítulo 2, las dos veces que Leire y Ane
  mienten a los policías.
• Anota las páginas y las líneas.

→ El futuro: Ejercicios individuales Pág. 67

---

4 mandar algo/a alguien – etw./jdn schicken; **4 afectado,-a** – aufgewühlt;
10 el vagón, los vagones – der Waggon, der Wagen

3 El profesor Collins

Muchas personas se fueron de la feria y, entre estas personas, estaban los sospechosos: Andrew Collins, Ignacio, Pablo, Leire y Ane. Todos decidieron volver a Bilbao en metro porque no había más taxis en la parada.

5 En el vagón había mucha gente. La mayoría de las personas parecía asustada y hablaba solo de una cosa: de la muerte del chico. El profesor Collins viajaba también en ese tren. Iba de pie y su hombro tocaba el hombro de Ane, pero ninguno de ellos sabía quién era la otra persona. Ane estaba a unos metros de Leire y **tú**, en medio de todos. Santi entró en el último momento en ese vagón

10 del metro y vio a las chicas. El policía quería escuchar qué decían, pero había tanta gente que no pudo.

Casi media hora más tarde, el profesor Collins llegó a la estación de metro de Moyúa. Todavía llovía. Allí cerca estaba su hotel. El Victoria era un hotel muy famoso, bastante caro y conocido por su buen servicio.

15 Collins entró en su habitación y puso en la puerta el cartel de *No molestar* porque quería descansar.

Aparcar en el centro de Bilbao no es fácil. Así que, Santi tuvo que esperar a su jefa delante del Victoria y, cuando llegó, entraron los dos juntos al hotel.

Gloria y Santi fueron a la recepción, mostraron sus placas y preguntaron

20 al recepcionista:

—¿Está el señor Collins en su habitación?

—Sí, acaba de llegar. Es la 208.

Entonces, los policías subieron al segundo piso y, cuando ya estaban delante de la habitación, Gloria miró a Santi y le dijo:

25 —Santi, ¡quédate en el pasillo y cúbreme! No sé qué va a pasar ahí dentro. Si me escucharas gritar, tendrías que entrar rápido.

Santi, en ese momento, pensó: "¡Mi jefa está de verdad loca! ¿Estamos en una película o qué?".

La comisaria tocó a la puerta y esperó, pero el profesor no la abrió. Gloria,

30 entonces, tocó otra vez.

—¡Señor Collins, quiero que abra la puerta! —gritó.

Esperó dos segundos y, después, dijo a Santi mientras se tocaba la oreja:

—No me gusta esta situación. ¿Por qué no abre? Tú, ¿qué piensas?

---

7 ir de pie – stehen müssen *(in einem Verkehrsmittel)*; **7 el hombro** – die Schulter; **7 tocar** *(c-qu)* **algo** – etw. berühren; **9 en medio de algo** – mitten in etw.; **15 el cartel** – das Schild; **17 aparcar** *(c-qu)* – parken; **19 la placa** – die Kennmarke *(der Polizei)*; **23 subir** – hochfahren, hochsteigen; **25 cubrir a alguien** – jdn decken *(bei einem Polizeieinsatz)*; **29 tocar** *(c-qu)* **a la puerta** – an die Tür klopfen

Santi, que casi nunca se ponía nervioso, contestó muy tranquilo:
—Yo diría que no abre la puerta porque... ¿Está con los cascos escuchando música? ¿O está durmiendo? ¿O tiene un muerto debajo de la cama? ¿O...?
—Vale, vale, Santi. Muchas gracias por tus "ingeniosas" ideas.
—Gloria, además ha puesto el cartel de *No molestar*. Un momento...   5
¡Espera! ¡Escucha! ¿Eso es una guitarra?
—Santi, no vamos a esperar más. Voy a tocar otra vez y si no abre...
—Si no abre, entonces la abro yo. Con una patada yo la consigo abrir.
En ese momento, Gloria miró muy seria a su compañero, empezó a tocar la
puerta y le dijo: 10
—¡Qué cosas dices! Tú has visto muchas películas. ¡Puf! ¡Si no dijeras tantas tonterías, estarías más guapo!
—¡Era solo una broma! Yo nunca rompería una puerta de una patada.
Entonces, de repente, el profesor Collins la abrió con cara de sorpresa. Tenía el pelo mojado y estaba en albornoz.   15
—Soy Gloria Garay, comisaria de la Erzaintza. ¿Habla usted español?
—Pero, ¿qué hacen? —exclamó Collins—. ¿Qué es este ruido? ¡Qué poca educación! ¡No he podido ducharme tranquilamente!
La comisaria entró y Santi, también. No esperó en el pasillo porque quería ver una de las habitaciones del Victoria, uno de los hoteles de cinco estrellas   20
y más caros de Bilbao. Sin embargo, se quedó al lado de la puerta.
—¡Así que habla español! —dijo la comisaria.
—Mi primera mujer era de Acapulco —explicó el profesor con su fuerte acento mexicano—. Pero, por favor... ¿Saben ya qué ha pasado? ¡Pobre Javier!
¡Muerto! ¿Saben si hay testigos? ¿Ha sido un asesinato?   25
—Yo hago las preguntas, señor Collins —le contestó Gloria—. ¿Cómo sabe que han matado a Javier?
—Lo he visto en la televisión.
Gloria miró toda la habitación y dijo:
—¿Qué hay dentro de esa funda negra? ¿Qué guarda en ella?   30
—Un momento —dijo amablemente Collins—. La abro y ustedes pueden ver qué hay dentro.
—¡Quieto! —ordenó la comisaria.

---

2 los cascos – der Kopfhörer; **4 ingenioso,-a** – geistreich; **8 la patada** – der Fußtritt; **8 conseguir *(e-i)* algo** – etw. erreichen, bekommen; **12 la tontería** – die Dummheit; **14 la cara** – das Gesicht; **15 mojado,-a** – nass; **15 el albornoz** – der Bademantel; **20 la estrella** – der Stern; **30 la funda** – die Hülle, das Etui; **30 guardar algo** – etw. aufbewahren; **33 quieto,-a** – *hier:* Halt!

Sin embargo, el profesor se levantó y abrió la funda.
—He dicho "¡Quieto!" —exclamó la comisaria—. Quiero que se siente y que no se mueva.

Gloria casi gritó al profesor. Pensaba que había un arma dentro de la funda,
5 pero no vio nada raro.
Entonces, Collins se sentó otra vez, tomó un botecito de mermelada y empezó a desayunar tranquilamente. La comisaria Garay le dijo:
—¿No podría desayunar después? Además, ¡son casi las dos de la tarde! Ya no es hora de desayunar.
10 Sin esperar su respuesta, Gloria abrió su cuaderno y empezó con sus preguntas:

---

4 **el arma** *(f.)* – die Waffe; 6 **el botecito** – das Gläschen

—Profesor, no tengo tiempo que perder y no quiero esperarlo en el vestíbulo.
Quiero que me diga cómo era trabajar con Javier.
—No era fácil —contestó Collins—. Javier era un chico con muchas ideas,
ingenioso, trabajador, pero demasiado ambicioso. Creo que formábamos un
buen equipo. Por eso estábamos aquí juntos, con nuestro proyecto.   5
—¿Y qué sabe usted del invento que quería patentar?
—Como le decía, nosotros dos trabajábamos juntos en este proyecto —explicó
Collins—. Y sé muy bien que hay que patentar el invento lo antes posible.
Por eso, es necesario que me den el microchip que llevaba Javier. ¿Lo tienen,
verdad?   10
—Profesor, ¿de qué microchip habla? —preguntó Gloria con sorpresa.
—Pero... ¡¿No lo tienen?! —gritó Collins, de repente, muy nervioso.
—Lo siento, acabamos de empezar a investigar el caso y no sabemos nada
de un microchip. Si descubrimos algo sobre él, le informaremos. Primero
tenemos que saber qué pasó con Javier. Pero, tengo otra pregunta: ¿A quién   15
pertenece ahora el invento?
—Pues, si Javier no estuviera muerto, el invento sería de nosotros dos —contestó Collins—. Pero hay un contrato con la Universidad: si uno de los dos
muriera, la patente pertenecería solo a la otra persona. Así que, ... Ahora...
Solo a mí.   20
Cuando dijo esto, la cara del profesor cambió completamente: parecía muy
triste. Entonces, la comisaria lo miró y le preguntó:
—¿Cuándo vio a Javier por última vez? Y, ¿dondé ha estado usted hoy entre
las nueve y las once de esta mañana? No sé todavía si usted es culpable o no,
pero es uno de los sospechosos. No quiero que se vaya de la ciudad sin antes   25
hablar conmigo.

---

1 perder *(-ie-)* a algo/a alguien – etw./jdn verlieren; 1 el vestíbulo – das Foyer; 13 investigar algo –
etw. ermitteln, untersuchen; 16 pertenecer *(-zc-)* a alguien – jdm gehören; 18 el contrato –
der Vertrag; 24 culpable – schuldig

¡Ahora te toca a ti!

Después de tomar notas en la estación de metro de Moyúa, decidiste ir a casa de Ignacio. Pero, cuando salías a la calle, de repente, viste otra vez al hombre del metro. Su conversación al teléfono te había parecido muy rara y, por eso,
5 lo seguiste hasta su hotel.

Todavía llovía en Bilbao, por eso el profesor Collins corrió los pocos metros que había desde la salida del metro hasta el Victoria. Tú también corriste para no perderlo de vista.

Ya en el hotel, subiste detrás del profesor hasta el segundo piso y te
10 escondiste en el pasillo, donde estaba su habitación. No sabías qué hacer. De repente, cuando ya querías irte, llegaron dos policías con sus placas en la mano. La situación no te parecía peligrosa y, por eso, esperaste un poco más para ver qué hacía la policía. Gloria Garay y Santiago Larralde tocaron varias veces a la puerta y, después de unos pocos minutos, Collins la abrió.
15 La comisaria Garay y su ayudante entraron, pero dejaron la puerta de la habitación abierta. Entonces, tú te acercaste y, desde el pasillo, hiciste varias fotos con el móvil. Nadie te vio hacerlas.

Después, saliste a la calle, cruzaste la plaza Moyúa y te fuiste a la calle Ercilla, donde está la casa de Ignacio. Allí, vosotros dos mirasteis las fotos y
20 descubristeis varias cosas.

 Fotos
x9m27y

Mira las fotos que hiciste en el hotel y describe las cosas que no se mencionan en la lectura y que son importantes para resolver el caso.

→ El condicional y el imperfecto de subjuntivo: Ejercicios individuales Pág. 70

---

5 seguir *(e-i)* **a alguien** – jdm folgen, jdn verfolgen; **8 perder a alguien de vista** – jdn aus dem Auge verlieren; **12 peligroso, -a** – gefährlich; **22 mencionar algo** – etw. erwähnen

4 Por primera vez en la comisaría

Al día siguiente, Ignacio se duchó y se sentó a desayunar como siempre en la mesa de la cocina. En la radio hablaban sobre el asesinato. La policía pedía información y buscaba testigos. Mientras Ignacio miraba por la ventana de la cocina, pensaba que él era el testigo más importante, pero también uno de 5 los sospechosos. Tenía que demostrar que era inocente, que no era culpable. Había empezado sus prácticas hacía solo dos semanas y ayer tenía que ayudar en el estand de la empresa. Y, de repente, ¡estaba relacionado con un asesinato! Por eso decidió no ir a trabajar, se puso el casco, cogió su moto y se fue a la comisaría. Pero **tú** te quedaste en su casa. 10
Antes de entrar en el edificio, Ignacio tuvo que esperar un poco porque había muchas medidas de seguridad. Entonces, explicó quién era y preguntó por Gloria Garay. Un policía lo acompañó hasta su despacho.
En ese momento, la comisaria estaba leyendo un informe.

---

4 la ventana – das Fenster; **6 demostrar** *(-ue-)* **algo** – etw. beweisen; **6 inocente** – unschuldig; **9 el casco** – der Helm; **9 la moto** – das Motorrad; **12 las medidas de seguridad** – die Sicherheitsmaßnahmen; **13 acompañar a alguien** – jdn begleiten; **14 el informe** – der Bericht

Ignacio entró y dijo a la comisaria:

—Buenos días, señora Garay. Soy Ignacio Echevarría, el chico de ayer.

—¡Hola, Ignacio! Sí, me acuerdo de ti. Siéntate, por favor. ¿Qué quieres? ¿Tienes algo más?

5 —No, la verdad es que no. Pero solo pienso en el chico muerto y tengo que hacer algo. Yo creo que puedo ayudar a encontrar al asesino.

—No, Ignacio, no. No te olvides de que tú eres uno de los sospechosos. Si necesitamos tu ayuda, te llamaremos. Y, por favor, no hagas ninguna tontería. ¿Me has entendido?

10 —¡Pero yo podría ayudar! Tengo casi la misma edad que los amigos de Javier y podría hacerme amigo de ellos y, así, conseguir información.

La comisaria se tocó la oreja, lo miró sorprendida y pensó: "¿Cómo conoce Ignacio a los amigos de Javier?".

—Lo siento, pero ya te he dicho que tú eres uno de los sospechosos. Además, 15 eso es demasiado peligroso. Estamos hablando de encontrar a un asesino; a alguien que ya ha matado una vez y que, quizás, podría matar más veces. ¿Entiendes?

En ese momento entró Santi en el despacho de su jefa y le dijo:

—Gloria, tenemos que hablar. Sal un momento al pasillo.

20 Ignacio aprovechó ese momento, cogió su móvil y tomó fotos de las pantallas de los ordenadores y de todos los papeles que encontró en la mesa de la comisaria. Fueron solo unos segundos.

Gloria volvió al despacho e Ignacio le preguntó:

—Entonces, si no necesita mi ayuda, ... ¿puedo irme?

25 —No. Contéstame a una pregunta: ¿Conoces a los amigos de Javier?

—Pues... He mirado en Internet y he visto que tiene varios amigos que...

—Ignacio, no investigues más. Te he dicho que es peligroso. Esto es cosa de la policía. Ahora puedes irte.

Unos minutos después, Gloria miró por la ventana y lo vio ponerse el casco y 30 subirse a su moto. Entonces dijo a Santi:

—Es necesario que controlemos a este chico. Creo que quiere probar que él no es culpable, pero no sé... Bueno, no lo pierdas de vista.

Ignacio, sin embargo, salió muy contento de la comisaría porque había conseguido mucha información sobre el caso.

---

10 la edad – das Alter; **20 aprovechar algo** – etw. ausnutzen; **20 la pantalla** – der Bildschirm; **21 los papeles** – die Papiere; **30 subirse a algo** – auf ein Fahrzeug steigen; **31 probar** *(-ue-)* **algo** – etw. beweisen

¡Ahora te toca a ti!

Tu amigo Ignacio decidió ir él solo a la comisaría. No quería implicarte en el caso. Discutisteis un poco, pero al final, pensasteis que era mejor así. Si nadie sabía de ti, quizás podrías ayudar más a Ignacio.

Ignacio cogió su casco, salió de casa y fue a buscar su moto al garaje. 5
Después de un cuarto de hora llegó a la comisaría de Erandio, que es donde se encuentra el Servicio de Investigación Criminal Territorial de Vizcaya y donde trabaja Gloria Garay.

Primero tuvo que pasar las medidas de seguridad, pero después de unos minutos, consiguió ver a la comisaria. 10

Ignacio pudo hablar con ella, pero la comisaria tuvo que salir unos segundos de su despacho. Entonces, tu amigo aprovechó la ocasión para hacer unas fotos de los papeles y de las pantallas de los ordenadores de Gloria Garay.

Cuando volvió a casa, Ignacio y tú os sentasteis en la mesa de la cocina y tu amigo te mostró las fotos que había hecho en la comisaría. 15

Toma nota de las cosas que visteis en las fotos: direcciones, *hobbies*, … Explica quién puede ser el asesino y por qué.

⊕ Fotos
x9m27y

→ El imperativo negativo: Ejercicios individuales Pág. 74

---

2 **implicar a alguien en algo** – jdn in etw. verwickeln; 7 **encontrarse** *(-ue-)* – sich befinden;
12 **la ocasión** – die Gelegenheit

5 En el bar Etxezuri

Era ya el jueves por la tarde y Santi tenía como trabajo espiar a Pablo, el amigo de Javier. Aparcó el coche en la calle Briñas y esperó cerca de la universidad para ver si veía al chico. Según la información que tenía, el estudiante salía
5 a esa hora de clase. El policía conocía muy bien esas calles porque estaban alrededor de San Mamés, el estadio de fútbol del Athletic. Esperaba tranquilo, miraba una y otra vez la foto de Pablo que le había dado Gloria y que ella había encontrado en Internet. Sin embargo, Santi no sabía que vosotros también estabais allí. La tarde anterior, Ignacio y **tú** habíais decidido resolver
10 juntos el caso y también estabais siguiendo a Pablo.
¿Podría Santi reconocerlo? No lo había visto en la feria y, además, todos los jóvenes le parecían iguales: vaqueros, camisetas, jerséis, zapatillas de deporte, ... La foto mostraba a un chico moreno con el pelo rizado y un tatuaje en la nuca.
15 Santi miró la hora y pensó: "Ahora tiene que salir Pablo". Y así fue. Por la puerta apareció un estudiante que se despedía de dos amigos. Era él, estaba seguro. Pablo caminó hacia la calle Licenciado Poza, la calle de los bares. El policía no quería perderlo de vista. Por eso, lo siguió a una distancia segura en su coche y lo vio entrar en el Etxezuri, el bar con los mejores pinchos del barrio de
20 Indauchu. Santi tuvo suerte y encontró un lugar para aparcar enfrente del bar. Entonces, salió del coche y, de repente, alguien le tocó en el hombro.
—¡Hola!
Casi se muere del susto.
—¿Te acuerdas de mí? —le preguntó Ane—. ¡Qué casualidad!
25 —¡Ah! —dijo Santi—. ¡Hola! Sí, claro que me acuerdo de ti... Te llamas Ane, ¿verdad?
—Sí. Y tú eres Santi, ¿no?
—¿Y qué haces aquí?
—Pues...
30 —Dime.
—La verdad es que yo...
—¿Sí?

---

2 espiar a alguien – jdm nachspionieren; **6 alrededor de . . .** – um … herum; **11 reconocer** *(-zc-)*
a alguien/algo – jdn/etw. (wieder)erkennen; **12 igual** – gleich; **18 la distancia** – die Entfernung;
20 la suerte – das Glück; **23 el susto** – der Schrecken; **24 la casualidad** – der Zufall

El policía, por supuesto, no podía decirle la verdad, así que pensó en algo rápidamente y le mintió:

—Pues... He tenido que ir a la comisaría de la calle María Díaz de Haro y ahora estoy buscando un bar para tomar un café.

Ane se puso muy contenta cuando vio a Santi. Desde que lo vio en la feria, pensaba todo el tiempo en él. Y, de repente, allí estaba el policía, delante de ella, y tenía la oportunidad de su vida de conocerlo un poco más.

—¡Santi, es tu día de suerte! Mira, he quedado con Leire aquí, en el Etxezuri. Es un bar muy bueno. Tiene un café muy rico y ¡unos pinchos...! ¡Oye! ¿Por qué no vienes con nosotras y nos cuentas qué sabes del caso de Javier?

Santi no sabía qué hacer, pero, al final, decidió entrar al bar.

—Claro —dijo—. ¿Por qué no?

Entraron los dos al Etxezuri y Santi se dio cuenta de que el local no era tan grande. El policía buscó a Pablo entre las mesas y no lo vio. No estaba allí. Pero no había otra puerta. Todo era bastante raro. ¡Tenía que estar allí dentro!

—Santi, allí está Leire, vamos a sentarnos con ella.

---

2 mentir *(-ie-)* **a alguien** – jdn anlügen

Leire no le gustó y no sabía por qué. No entendía cómo Ane y ella podían ser amigas. ¡Eran tan diferentes! Leire era muy guapa y parecía un poco superficial. Ane no era tan guapa, pero era muy natural, casi como una *hippie* ecológica. Estudiaba Biotecnología, pero podría estudiar Filosofía o algo así.

5 Ane le parecía una persona interesante.

—¡Hola! —dijo Leire nerviosa cuando los vio—. ¿Qué tal?

—Leire, ¡mira qué casualidad! Santi ha tenido que ir a la comisaría de...

—Sí, ¡qué casualidad! —la interrumpió Leire.

—Bueno, al final Bilbao no es tan grande —dijo Santi.

10 Mientras hablaba con ellas, el policía miraba por todo el bar, pero no veía a Pablo.

—¿Puedo preguntarte una cosa? —le preguntó Leire—. ¿Has averiguado algo más sobre...?

—No. Todavía no tenemos más datos sobre la muerte de Javier, así que no os

15 puedo contar nada.

—¡Oh, qué pena! —dijo Ane—. Es horrible.

—Pues sí, pero, por cierto, ... —la interrumpió Santiago Larralde esta vez—. ¿Habéis visto a Pablo últimamente? ¿Cómo está? Tiene que ser un horror perder a tu mejor amigo.

20 —No, no lo hemos visto —contestó Leire y sonrió.

—¿Seguro que no?

—¡Lo juro! —casi gritó esta vez Leire muy seria—. ¿Estás acusándome de algo? Santi no tuvo tiempo de contestar porque, en ese momento, Ane dijo:

—Sí, es verdad. Tiene que estar muy triste. Tenemos que llamarlo.

25 —Perdón, chicas. Tengo que ir al baño.

En ese momento, el policía se levantó, se fue al baño, pero allí no estaba Pablo. ¿Dónde podría estar? En el bar solo había una puerta para salir a la calle y por allí no había salido. Sin embargo, la ventana del baño estaba abierta y por ella cabía perfectamente una persona... ¡Pablo se había escapado!

30 Entonces, el ayudante de la comisaría Garay pensó: "Estoy seguro de que Pablo esconde algo y Leire y Ane, probablemente, también". Cuando salía del baño, Santi se chocó con una persona y le dijo:

—Perdona, no te había visto.

---

2 superficial – oberflächlich; **3 natural** – natürlich, ungezwungen; **12 averiguar** *(u-ü)* **algo** – etw. herausfinden; **17 por cierto** – übrigens; **22 jurar algo** – etw. schwören; **22 acusar a alguien** – jdn anklagen; **29 caber** *(irr.)* **por algo** – durch etw. passen; **29 escaparse** – entkommen; **32 chocarse** *(c-qu)* **con algo/alguien** – mit etw./jdm zusammenstoßen

¡Ahora te toca a ti!

La tarde anterior, Ignacio y tú decidisteis investigar más e intentar resolver juntos el caso.

En las fotos que sacó Ignacio pudisteis ver, entre otras cosas, las direcciones de Pablo, de Leire y de Ane, y dónde estudiaban. Primero seguiríais a Pablo y, por eso, el jueves os levantasteis muy temprano. 5

Ignacio se fue a la feria porque tenía que trabajar por la mañana. ¿Y tú?
Tú esperaste a Pablo delante de su casa. A los pocos minutos, el chico salió y fue a la universidad. Pasó toda la mañana allí y tú te quedaste en la calle.

A las dos de la tarde llegó Ignacio de la feria y esperó contigo enfrente de 10
la universidad hasta que salió Pablo. Visteis que tomaba la calle Licenciado Poza y que entraba al bar Etxezuri.

Vosotros dos también entrasteis al bar. Dentro del local estaba Leire.
La reconocisteis. Sin embargo, ninguno de los amigos de Javier os vio.
Entonces, Ignacio te dijo: *"Vamos a sentarnos en aquella mesa y vamos a ver* 15
qué pasa". Unos minutos más tarde entraron Ane y Santiago Larralde en el bar. Todo pasó muy rápido. Vosotros dos seguisteis a Pablo al baño y visteis cómo Pablo salía por la ventana y se iba por la calle Indauchu. Entonces volvisteis a vuestra mesa. El ayudante de la comisaria Garay entró después, pero ya no había nadie en el baño. Cuando salió del baño, se chocó contigo, 20
pero no sabía quién eras.

Mira el vídeo y haz un resumen de todo lo que pasó en el bar y que puede ser importante para resolver el caso.

⊕ Video
x9m27y

→ El pretérito perfecto: Ejercicios individuales Pág. 77

6 ¿Negociar?

Leire se despidió de Ane y de Santiago y salió del bar Etxezuri. Ignacio y **tú** decidisteis seguir a Leire: mientras que Ignacio la seguía en moto, **tú** la seguías a pie. Pero ninguno de vosotros se dio cuenta de que un coche seguía
5 a Ignacio.
Leire quería despistar a Santi y, por eso, primero fue por la calle Licenciado Poza hasta la plaza Bizkaia. Cuando llegó a la Alameda Recalde, giró a la derecha. Allí entró en un kiosco. Poco después, salió con una revista de moda en la mano. Entonces, pasó por la plaza de Arriquíbar y entró en
10 el Centro Azkuna. Ignacio aparcó su moto y entrasteis los dos juntos en el edificio. Sin embargo, no visteis a Leire porque estaba leyendo la revista detrás de una columna. De repente, se levantó y se fue. **Tú** la seguiste otra vez a pie, mientras Ignacio cogía su moto. Leire empezó a correr por la calle Iparraguirre. Iba en dirección a la Gran Vía. A veces, miraba hacia atrás y **tú** te
15 escondías. No **te** vio en ningún momento. Durante dos horas la seguiste y no pasó nada interesante. De repente, **te** llegó un mensaje de Ignacio.

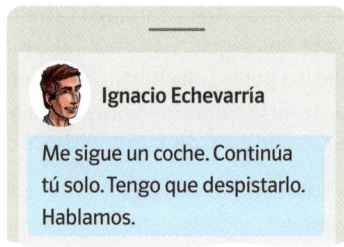

Ignacio Echevarría

Me sigue un coche. Continúa tú solo. Tengo que despistarlo. Hablamos.

20 En ese momento, Leire se paró enfrente de una tienda de fotografía, miró su móvil y no corrió más. Tomó la Gran Vía en dirección a la plaza del Sagrado Corazón y entró en el parque. Todo era muy raro: Del bar Etxezuri al parque, eran solo cinco minutos o menos y Leire había estado dos horas dando vueltas por Bilbao...
25 De repente, viste llegar a Pablo. Leire y él se dieron un beso, cruzaron la plaza de Euskadi y se sentaron en un banco delante del Museo Guggenheim. **Tú** empezaste a hacer fotos del Puppy, el famoso perro de flores que está delante del museo. Parecía que hacías fotos, pero solo estabas escuchando su conversación.

---

1 negociar – verhandeln; **6 despistar a alguien** – jdn abhängen; **7 la alameda** – die Pappelallee; **12 la columna** – die Säule; **14 la dirección** – die Richtung; **14 mirar hacia atrás** – nach hinten schauen; **23 dar vueltas** – herumlaufen

—Leire, no puedo abrir el microchip y mirar los documentos.
—¡¿Qué?! Pero, ¿no eres un experto en informática?
—No es tan fácil; necesito una contraseña.
—¿Una contraseña? —preguntó Leire.
—Sí, y la tiene Collins.   5
—¿Y eso cómo lo sabes?
—¡¡¡Escucha, Leire!!! Mi móvil no funciona bien desde hace unos días y hace
unos minutos me ha llegado este mensaje de Javier.

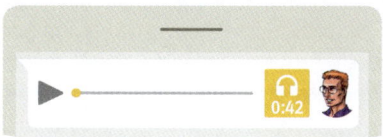

⊕ Audio
x9m27y

—Pablo, no sé si quiero seguir con esto. Dime... ¿Mataste tú a Javier?
—¿Cómo puedes pensar eso? Yo no lo maté, Leire. Te lo juro. Nunca haría   10
daño a nadie. Tampoco a Javier.
—No sé si te puedo creer. Queríamos robarle el invento, irnos juntos... Y ahora
Javier está muerto.
—Por eso tenemos que averiguar quién lo mató. Y así probar que yo no fui.
¡Yo no fui, Leire! ¡Tienes que creerme! No sé quién lo hizo.   15
—Si no fuiste tú... ¿Quién fue? ¿El chico del baño? ¿Su profesor? ¿Ane?
¿Quizás, yo?
—¡No, claro que no! —exclamó Pablo—. Mira, primero tenemos que con-
seguir la contraseña y, después, demostraremos que yo no soy el asesino y
Ane y tú, tampoco. Tranquila. Buscaremos al culpable, pero ahora tenemos   20
que ponernos en contacto con Collins y negociar.
—¿Negociar? ¿Cómo?
—Podemos decirle que le acusaremos del asesinato de Javier si no nos da la
contraseña —contestó Pablo.
—Pablo, eso no va a ser fácil. No tenemos pruebas. Seguro que dirá que   25
nosotros somos los asesinos porque tenemos el microchip.
—Mira, tenemos que conseguir una reunión secreta con él. Le ofreceremos
parte del dinero que podríamos conseguir con la patente. Es nuestra única
opción, pero no sabemos cuál es su hotel, Leire. Va a ser muy difícil encon-
trarlo y también me da miedo que cuente todo a la policía.   30
—Yo tengo un plan —dijo Leire.

---

3 la contraseña – das Passwort; **21 ponerse** *(irr.)* **en contacto con alguien** – mit jdm in Kontakt
treten; **27 la reunión** – das Treffen; **27 ofrecer** *(-zc-)* **algo** – etw. anbieten; **28 único,-a** – einzig;
30 dar miedo a alguien – jdm Angst machen

En ese momento, Leire y Pablo se levantaron, se dieron otro beso, se despidieron con un *Hasta mañana* y se fueron.

Mientras tanto, Ignacio consiguió despistar a la persona que lo seguía y también tomó la calle Iparraguirre. Sin embargo, al llegar a la Gran Vía, **tu amigo** vio otra vez el coche y a Santiago Larralde dentro de él. Entonces, Ignacio tomó la calle en dirección a la plaza Moyúa. Dio la vuelta a la plaza y se metió en su garaje de la calle Ercilla. Fue todo tan rápido que Santi no lo vio.

Más o menos a la misma hora, Leire llegó a su casa y escribió unos mensajes a Ane.

Leire Urcelay

Hola, Ane, quiero que me ayudes.

¡Claro! ¿Qué quieres?

He visto que esta tarde Santi te ha dado su número de móvil.

Sí… ¿Y qué?

Tienes que conseguir el nombre del hotel del profesor Collins.

Leire, ¿qué pasa?

No quiero que te enfades conmigo, pero, por favor, no me hagas preguntas. Te contaré todo en persona. Solo te pido eso.

Estás loca. Es la policía. No podemos jugar con ellos.

Confía en mí.

Vale, pero no sé si podré conseguirlo.

¡Gracias, eres genial! Hablamos, un beso.

---

3 mientras tanto – inzwischen; **6 dar la vuelta a algo** – um etw. herumfahren; **16 enfadarse con alguien** – sich über jdn ärgern, auf jdn böse sein; **19 confiar en alguien** – jdm (ver)trauen

¡Ahora te toca a ti!

Pablo salió del bar Etxezuri a la calle Indauchu por la ventana del baño y lo
perdisteis de vista, por eso, decidisteis seguir a Leire. Tú la seguías a pie,
mientras que Ignacio la seguía en su moto. Al principio, ninguno de vosotros
dos se dio cuenta de que alguien iba detrás de Ignacio.   5

Todo fue muy raro: Después de salir del bar, Leire empezó a pasear por Bilbao.
¿Pasear? ¿Leire quería pasear o realmente estaba dando vueltas por Bilbao?
¿Pensaba que la seguían? ¿Quería despistar a alguien? ¿Quería ganar tiempo?
¿Para qué?

Ignacio y tú fuisteis detrás de ella todo el tiempo hasta que, de repente,   10
recibiste un mensaje. Era de Ignacio. Alguien lo seguía. Tú tuviste que vigilar
a Leire sin la ayuda de tu amigo. Después de dos horas de dar vueltas por
las calles, Leire entró en el parque de Doña Casilda, en el centro de Bilbao,
y se encontró con Pablo. Los dos fueron hasta el Museo Guggenheim y se
sentaron en un banco. Así que tú, con mucho disimulo, empezaste a hacer   15
fotos del Puppy y del museo, y Leire y Pablo no se dieron cuenta de que
estabas escuchando su conversación.

> Escucha otra vez el mensaje que Javier mandó a Pablo y, después,
> explica por qué es importante.

⊕ Audio
x9m27y

→ El futuro: Ejercicios en parejas Pág. 81

---

11 recibir algo – etw. erhalten; **11 vigilar algo** – etw. überwachen

7 La cena

Unas horas más tarde, Santi estaba en el despacho de Gloria. Su móvil sonaba y sonaba. Gloria lo miró y dijo muy seria:

—Biiip, biiip, biiip. Santi, por favor, deja de mirar los mensajes. ¡Estamos
5 trabajando!

—Es Ane Basterra, la amiga de Leire, la novia del muerto.

—¡Ya sé quién es Ane! ¿Qué quiere? ¿Por qué tiene tu número de teléfono?

—Quiere que quedemos —le respondió y sonrió—. Creo que le gusto. Le di mi número esta tarde porque...

10 —¡Santi! ¡Es una de las sospechosas! ¡Deja de ligar con todo el mundo!

—Pero... Yo no he intentado ligar. ¡¡¡De verdad!!! —gritó. ¡Tiene mi número de teléfono para llamarme si sabe algo de Pablo!

Gloria se tocó la oreja y le sonrió también. ¡Era la segunda vez que le sonreía en dos años!

15 —Santi, me alegro de que seas tan guapo.

—¿Cómo? —preguntó con sorpresa en voz baja.

—Tú estás seguro de que Pablo es el culpable y crees también que Leire lo pudo ayudar. ¡Pruébalo! Espera, tengo un plan. Como ya sabemos, Ane es amiga de Leire y de Pablo. Queda con ella. ¡Es necesario que te cuente qué
20 sabe! No vuelvas al despacho sin...

—Pero, Gloria... Eso no está bien —dijo—. Ya sabes que no me gusta utilizar a la gente para conseguir información. Además, ella a mí no me gusta.

—¡Santi, no quiero que te cases con ella! —exclamó Gloria—. Solo quiero que quedéis y que hagas bien tu trabajo.

25 —Vale —continuó el policía—. Pero... ¿Y tú? ¿Qué dices? ¿Sabes ya quién podría ser el asesino?

—La verdad... No lo sé. Yo voy a concentrarme en Ignacio y en Andrew Collins, y tú...

—Bueno, vale, quedaré con Ane y la invitaré a cenar esta noche.

30 —Así me gusta, Santi. Y ahora, ¡a trabajar!

Llegaron las nueve de la noche y Santi estaba delante de la casa de Ane. El policía estaba impresionante. Ese día llevaba un traje azul del mismo color que sus ojos. Después de unos minutos, Ane abrió la puerta, salió a la calle y alucinó: el policía la estaba esperando en un descapotable. La chica se subió al

---

2 sonar (*-ue-*) - klingeln; **4 dejar de hacer algo** - aufhören, etw. zu tun; **10 ligar con alguien** - mit jdm flirten; **16 en voz baja/alta** - leise/laut; **21 utilizar algo/a alguien** - etw./jdn benutzen, ausnutzen; **32 impresionante** - beeindruckend; **34 alucinar** - baff sein; **34 el descapotable** - das Cabrio

coche y, después de dar unas vueltas para encontrar aparcamiento, entraron en El Marinero, un restaurante pequeño y muy bueno de la Alameda San Mamés. Allí, hablaron y se rieron durante horas. Tenían muchas cosas en común y les gustaban las mismas películas y libros.

Cuando llegó el postre, el policía dijo:　　　　　　　　　　　　　　5

—Por cierto, ¿has visto ya a Pablo? ¿Cómo está?

—No, todavía no lo he visto, pero supongo que no muy bien. Javier y él eran muy amigos.

—¿Y Leire?

—Pues... Está muy rara —contestó Ane y miró fijamente a Santi.　　　　10

—¿Por qué dices eso? —preguntó Santi.

—Creo que Leire no quiere aceptar que Javier está muerto o necesita pensar en un culpable. La cosa es que está muy rara.

—Y... Y ella, ¿piensa en alguna persona en concreto?

—Creo que en el profesor Collins, pero no lo sé. Por cierto, ¿tú sabes algo más　15
de él?

Santi pensó qué podía contarle y qué no. Entonces, le dijo:

—Pues sí, pero no te puedo dar información, Ane. Es confidencial.

—Sí, claro... Pero, ¿está en España todavía?

En ese momento, empezó a desconfiar de Ane y le dio un dato, una única　20
cosa:

—Solo te puedo decir que estuvimos en el Hotel Victoria.

Ane sonrió y terminó su flan. Después de tomar un café, salieron del restaurante. La noche era muy oscura, las calles estaban vacías y empezó a llover un poco. El policía llevó a la chica hasta su casa y se despidieron con dos besos.　25
Santi, que estaba todavía en el coche cerca de la casa de Ane, llamó a Gloria y le dijo:

—Ane quería saber cosas de Collins. Le he dicho que está en el Victoria.

3 tener algo en común - etw. gemeinsam haben; **10 mirar fijamente a alguien** - jdn anstarren; **12 aceptar algo** - etw. annehmen; **18 confidencial** - vertraulich; **20 desconfiar de alguien** - jdm misstrauen; **24 oscuro,-a** - dunkel; **24 vacío,-a** - leer

¡Ahora te toca a ti!

Tú habías escuchado que Leire y Pablo se habían despedido con un *Hasta mañana*. Así que, Ignacio y tú, pensasteis que ya ninguno de los dos saldría más de casa ese día. Por eso, el jueves por la noche, decidisteis ver qué
5 hacía Ane.

A las nueve en punto de la noche, Santiago Larralde fue a buscarla a su casa. Ane parecía muy contenta cuando salió a la calle y se subió al descapotable del policía.

Esa noche no hacía frío. Ignacio y tú esperasteis cerca del restaurante
10 El Marinero en la Alameda San Mamés, hasta que salieron de cenar.

Unos minutos más tarde, visteis cómo se despedían. Ignacio fue a aparcar su moto unos metros lejos de la casa de Ane y tú la seguiste. La chica no entró en el edificio; se sentó en un banco que había en la calle y llamó a alguien.

⊕ Audio
x9m27y

Escucha la conversación entre Ane y Leire y, después, haz un pequeño resumen.

→ El uso del pretérito imperfecto y del pretérito indefinido:
Ejercicios individuales Pág. 83

8 La nota

Al día siguiente, Gloria y Santi vigilaron la puerta del Hotel Victoria desde muy temprano.

—Si Ane o Leire aparecen por aquí, eso significará una cosa: Necesitaban tu información para algo —dijo la comisaria Garay.

—Ya, pero... ¿Para qué? Gloria, ¿tú sabes cómo continuar con el caso? ¿Sabes ya quién de ellos puede ser el asesino y por qué mataron al chico?

Los policías esperaron durante horas y horas dentro del coche, mientras observaban a todas las personas que entraban y salían del hotel. Pensaron en todas las posibilidades y motivos que podía tener cada uno de los sospechosos para matar a Javier. Estaban ya hartos de esperar, cuando, de repente, pasó algo: Era ya la una de la tarde y Collins salió por la puerta del Victoria. Seguramente tenía hambre y buscaba algún restaurante para comer. Entonces, Gloria y Santi vieron una cosa muy rara: Leire se cruzó por la calle con el profesor y entró en la recepción del hotel. No se miraron, no se hablaron. Leire y el profesor se ignoraron por completo, parecían no conocerse. Unos minutos más tarde, Leire salió del hotel.

—No entiendo nada —dijo el ayudante de Gloria—. ¿Qué ha pasado aquí? ¿Se conocen o no se conocen?

—Yo tampoco sé qué ha pasado —contestó Gloria y se tocó la oreja.

Entraron en el hotel y fueron directamente a la recepción.

—Buenos días, soy la comisaria Garay —se presentó Gloria—. Quiero que me diga una cosa: ¿Qué quería la joven que acaba de salir?

—Solo ha dejado una nota para el señor Collins.

—Y usted va a darme esa nota ahora.

—Pero, señores... No puedo hacer eso.

Gloria mostró su placa y dijo:

—La nota, por favor, o lo detendré por no ayudarme. Usted decide.

La leyeron, hicieron una foto de ella y, finalmente, Gloria devolvió la nota al recepcionista.

—¿Y ahora? ¿Qué tengo que hacer?

—Usted va a dar esta nota a Andrew Collins, pero no va a decirle nada de nuestra visita —dijo Gloria—. Nosotros no hemos estado aquí. ¿Me entiende?

---

9 observar algo/a alguien - etw./jdn beobachten; **10 la posibilidad** - die Möglichkeit; **11 estar harto,-a de algo/de alguien** - etw./jdn satt haben; **14 cruzarse con alguien** - jdm über den Weg laufen; **16 ignorarse** - sich ignorieren; **28 detener a alguien** - jdn festnehmen; **29 devolver algo** - etw. zurückgeben

—Nunca nos hemos visto —continuó Santi—. ¿Está claro?
—Sí, señores —contestó un poco asustado el recepcionista.

> *Hotel Victoria*
> *Plaza Federico Moyúa, 14*
> 5 *48009 Bilbao*
>
>
> *Profesor, tengo algo que le interesa a usted y usted tiene*
> *algo que me interesa a mí. Lo espero esta noche a las doce*
> *en la playa de Plencia, cerca del antiguo sanatorio pequeño.*
> *Encenderé y apagaré una linterna tres veces. Esa será*
> 10 *nuestra señal.*

—Este caso se pone interesante —dijo Gloria y miró fijamente a los ojos de su compañero.
—¡Me encanta Plencia! —le dijo Santi.
—Prepara nuestro viaje y reserva una habitación de hotel —le ordenó la
15 comisaria.
—¿Reservar una habitación? —le preguntó Santi—. ¿En Plencia? Pero...
¡Plencia solo está a media hora de aquí!
—Perdón —contestó Gloria roja como un tomate—. No sé en qué estaba
pensando. No reserves nada, pide solo un coche. Esta noche nos vamos a
20 Plencia. ¡A las diez y media ven a recogerme!
Unas horas más tarde, Santi estaba delante de la casa de su jefa. La noche era
una vez más oscura y fría, pero no llovía. En el mismo momento en que Santi
llegaba en el coche sin distintivos de la Ertzaintza a la calle de Gloria, su jefa
salía del edificio con un vecino. La comisaria se despidió de él, entró al coche
25 de muy mal humor y gritó:
—¡Oye, Santi! ¡Esto no puede ser! ¡Has llegado veinte minutos tarde!
Gloria no sabía por qué su ayudante había tardado tanto tiempo: Santi
quería estar perfecto esa noche. ¡No todas las noches salía con una mujer
tan interesante!

---

8 el sanatorio – das Sanatorium; **9 encender** *(-ie-)* **algo** – etw. anschalten; **9 apagar algo** –
etw. ausschalten; **9 la linterna** – die Taschenlampe; **10 la señal** – das Signal; **20 recoger a**
alguien – jdn abholen; **23 el coche sin distintivos** – der Dienstwagen *(ohne seine typischen*
Merkmale); **24 el vecino/la vecina** – der Nachbar/die Nachbarin; **27 tardar en hacer algo** –
(Zeit) brauchen, um etw. zu tun

—Tranquila, Gloria, tenemos tiempo —le dijo—. No te enfades conmigo.
A estas horas de la noche no hay tráfico.
Llegaron a Plencia a las once y media. La playa estaba vacía. Se escondieron
no muy lejos del pequeño sanatorio. Desde allí podían ver bien toda la playa.
Estaban muy cerca: hombro con hombro. Solo podían escuchar las olas   5
del mar.
Todo parecía muy romántico. Sin embargo, no fue así: de repente, escucharon
un ruido y Gloria dijo en voz baja:
—¡Escucha! ¡Es una moto! El ruido viene de allí.
Los policías cogieron los prismáticos y vieron la moto de Ignacio. Iba con   10
otra persona y los dos llevaban casco. Gloria y Santi no podían ver sus caras
y, por eso, no podían reconocerlos. Pero, claro, ... ¡Ya sabían quién era uno de
ellos! Y la otra persona eras **tú**, pero ellos no **te** conocían todavía.
—Pero, ¿qué hace ese chico aquí? —preguntó Santi también en voz baja—.
¿Y con quién va?   15
—No sé, parece un chico —dijo Gloria muy seria y se tocó por primera vez
esa noche la oreja—. ¿O es una chica? Pero no puede ser una casualidad.
¿Qué hace ese Ignacio aquí? Es la única persona a la que yo no esperaba ver esta
noche. Vamos a ver qué hacen esos dos.
Ignacio y la otra persona estaban de pie cerca de la moto y hablaban. Sin   20
embargo, los policías no se podían mover de donde estaban porque eran ya
casi las doce. Entonces, Santi dijo a su jefa:
—Tienes que abrazarme.
—¿Abrazarte? ¿Para qué?
—Para disimular. Así, si vienen, podríamos parecer dos enamorados.   25
En ese momento, Gloria lo abrazó, lo miró a los ojos, le sonrió, acercó su boca
a la boca de Santi y... En medio de la noche, vieron la luz de una linterna que
se encendía y se apagaba tres veces.
Santi casi empezó a gritar porque aquellos chicos habían arruinado el mejor
momento de su vida. Pero no lo hizo.   30

---

5 **la ola** – die Welle; **10 los prismáticos** – das Fernglas; **23 abrazar a alguien** – jdn umarmen;
25 disimular – sich verstellen; **25 enamorado,-a** – verliebt; **26 la boca** – der Mund; **27 la luz,
las luces** – das Licht; **29 arruinar algo** – etw. verderben

¡Ahora te toca a ti!

El viernes, Ignacio tuvo que trabajar todo el día. Por eso, tú estuviste esperando delante de la casa de Leire. Tuviste suerte: A las once de la mañana, la chica salió de casa, empezó a dar vueltas por Bilbao y, a la una de la tarde,
5 entró en el Hotel Victoria. A los pocos segundos, tú también entraste al hotel y la seguiste. Allí, viste la nota que Leire escribió al profesor Collins porque te pusiste a su lado en el mostrador de recepción.

Después fuiste a casa de Ignacio y lo esperaste. Cuando tu amigo llegó, le explicaste qué estaba escrito en la nota y decidisteis seguir a Leire y
10 a Pablo esa noche.

Eran ya las nueve y media de la noche cuando llegasteis en la moto de Ignacio a Plencia. Visteis cómo los dos aparcaban delante del Hotel El Arenal y entraban. Entonces, Ignacio se quedó cerca de su moto y tú te sentaste en la terraza del hotel para ver qué pasaba. Unos quince minutos más tarde,
15 los amigos de Javier salieron del edificio, se sentaron también en una mesa de la terraza, pidieron algo y empezaron a hablar en voz baja.

⊕ Video
x9m27y

Escucha la conversación entre Leire y Pablo en la terraza del hotel y explica los siguientes puntos:

- ¿Por qué viaja Leire siempre con muchas maletas?
- ¿Por qué quiere ir Pablo él solo a hablar con Andrew Collins?
- ¿Quién guarda, al final, el microchip?

→ El pretérito perfecto: Ejercicios en parejas Pág. 87

---

14 la terraza – die Terrasse

9 En la playa de Plencia

Eran casi las doce de la noche cuando Pablo llegó a la playa. Estaba nervioso, sus manos temblaban y tenía frío, pero estaba seguro de una cosa: el profesor Collins aparecería. Apagó la linterna y escuchó unos pasos. Alguien se acercaba. Vio una silueta de un hombre muy alto que caminaba hacia él.   5

Cuando estuvo cerca, ese hombre le dijo:
—Ya sé quién eres, también qué quieres, y supongo que tú tienes el microchip.
—¿El microchip? —contestó Pablo—. Puede que sí o puede que no. ¿Cómo es?
—Una cosa pequeña, plateada... ¿Te estás riendo de mí? Dame el microchip ahora mismo o llamo a la policía y vas a tener problemas... ¡Muchos problemas!   10
—Usted va a tener el problema, no yo —dijo Pablo enfadado—. Además, estoy seguro de que usted mató a Javier.
—Por última vez: ¡Dame el microchip! —gritó Collins—. ¿Dónde lo tienes escondido? ¿En el bolsillo del pantalón?

---

3 temblar *(-ie-)* – zittern; **4 el paso** – der Schritt; **5 la silueta** – die Silhouette, der Umriss;
9 plateado,-a – silberfarben; **10 ahora mismo** – sofort, gleich; **11 enfadado,-a** – verärgert;
14 el bolsillo de pantalón – die Hosentasche

Collins, que parecía muy nervioso, empezó a acercarse poco a poco a Pablo. El chico, muy asustado, dio dos pasos hacia atrás, pero se tropezó y se cayó al suelo. Entonces, el profesor aprovechó ese momento e intentó sacar algo del bolsillo del joven. Sin embargo, Pablo se dio cuenta de qué quería hacer aquel
5 hombre y empezó a pelearse con él. El chico quiso tirarle arena, pero Collins fue más rápido y le dio una patada en la mano.

—¡Parad! —gritó Santi y empezó a correr hacia ellos.
Gloria lo siguió, pero Pablo y el profesor no reconocieron la voz del ayudante de la comisaria Garay. Solo vieron a dos personas con dos linternas y unas
10 luces muy fuertes. Esas personas iban hacia ellos. Se asustaron y cada uno empezó a correr hacia un lado de la playa: Pablo en dirección al puerto y el profesor en dirección al mar.
Gloria corrió tras el profesor y Santi tras Pablo. De repente, Collins entró al mar. Se tiró al agua y nadó unos cien metros hasta un yate que estaba en
15 medio de la bahía. Gloria se quitó los zapatos, los tiró a la arena, nadó tras Collins y lo vio subir al yate. Las olas eran bastante grandes, pero la comisaria sabía nadar muy bien.

---

2 tropezarse *(-ie-; z-c)* – stolpern; 3 sacar *(c-qu)* algo – etw. (heraus)nehmen; 5 pelearse – sich schlagen; 5 tirar algo – etw. schmeißen, werfen; 5 la arena – der Sand; 11 el puerto – der Hafen; 13 tras – hinterher; 14 tirarse – sich stürzen; 14 nadar – schwimmen; 14 el yate – die Yacht; 15 la bahía – die Bucht; 16 bastante – ziemlich

Diez metros más y ella también estaría en el barco. No tuvo problemas para subir al yate y, una vez dentro, dijo mientras apuntaba al profesor con su arma:

—¡Quieto! ¡No quiero que dé un paso más!

—Vamos, comisaria, y si doy otro paso... ¿Qué me va a pasar?　　　5

—Tengo una pistola en las manos.

—Una pistola mojada que no funciona —dijo Collins.

—No es una pistola normal. Esta sí funciona. ¿Quiere que la use?

—No, no. ¿Por qué no hablamos tranquilamente? ¿No quiere entrar? Aquí fuera hace mucho frío.　　　10

Los dos entraron al pequeño salón del yate, que era también la cocina. Gloria temblaba de frío y el profesor le dio una manta. Solo se escuchaba el ruido de las olas del mar. Parecía que estaban solos en el barco.

El profesor era tan alto que casi no cabía en el salón. Miró a Gloria y sonrió tranquilo. Él también se puso una manta sobre los hombros y empezó a　15 preparar dos cafés. Gloria estaba pensando en las preguntas que quería hacer al profesor y se tocó la oreja. Entonces, el profesor le dijo:

—¿Qué hace aquí, en Plencia, a estas horas? Está usted por todas partes.

—Yo hago las preguntas.

—Sí, pero... —continuó Collins y se acercó a Gloria.　　　20

—¡Quieto! —gritó Gloria—. No quiero que dé un paso más. Señor Collins, ahora va a darse la vuelta.

---

2 apuntar a alguien – auf jdn zielen; **4 dar** *(irr.)* **un paso** – einen Schritt machen; **7 mojado,-a** – nass, durchnässt; **7 funcionar** – funktionieren; **12 la manta** – die (Woll-)Decke; **18 por todas partes** – überall; **22 darse** *(irr.)* **la vuelta** – sich umdrehen

En ese momento y, como medida de seguridad, la comisaria le puso las esposas. El profesor no se resistió.

—Supongo que así estará más tranquila, pero ahora tendrá que preparar usted el café —dijo y mostró sus manos a la comisaria—. Si tuviera las
5 manos libres, podría prepararlo yo. Bueno, espero que no le moleste.

—No, no me molesta, pero quiero que se siente ahí, donde yo lo vea. No quiero perderlo de vista.

Gloria dejó la cafetera en la cocina, se acercó a la mesa y se sentó enfrente de Collins.

10 —Pensaba que era más lista, comisaria —continuó el profesor—. Está usted aquí muerta de frío, mientras "los malos" se escapan.

—¡Le he dicho que yo hago las preguntas! —lo interrumpió Gloria—. ¿Qué hace usted aquí? ¿Por qué está usted en este yate? ¿Con quién hablaba en la playa?

15 Gloria sabía perfectamente con quién hablaba Collins, pero quería escucharlo de su boca.

—Con Pablo, el chico que dice en las redes sociales que es el mejor amigo de Javier. Tiene el microchip y seguro que él mató a Javier. Con amigos como Pablo... ¿Quién necesita enemigos?

20 —No me ha contestado. ¿Qué hace usted en este yate?

—Me gusta bucear y, por eso, alquilé un yate.

—No le creo, profesor —dijo Gloria enfadada—. ¡Esto no me gusta nada!

—Pero...

—Yo creo que usted tiene información muy importante sobre este caso.
25 ¿No es así? Además, yo le di mi número de teléfono. ¿Por qué no me avisó?

—Pues...

—Ahora va a contestarme unas preguntas y no quiero que me mienta. Esto es muy serio.

—De acuerdo.

30 Después de media hora de interrogatorio y sin ninguna prueba contra Collins, la comisaria sacó su móvil e intentó llamar a Santi. Pero el teléfono estaba mojado y no funcionaba. Entonces, Gloria vio cómo un barco se acercaba al yate del profesor. Eran sus compañeros.

Mientras tanto, nadie vio que, en la playa, dos personas cogían algo de la
35 arena y desaparecían casi inmediatamente.

---

2 **las esposas** – die Handschellen; 2 **resistirse** – Widerstand leisten; 8 **la cafetera** – die Kaffeekanne; 25 **avisar a alguien** – jdn benachrichtigen; 35 **inmediatamente** – sofort

¡Ahora te toca a ti!

Cuando acabaron de cenar, Leire y Pablo subieron a su habitación, encendieron la luz y abrieron una ventana. De esta manera, Ignacio y tú pudisteis ver que estaban en el primer piso del hotel. Desde la terraza, era muy fácil subir hasta la habitación.

Después de unos minutos, Leire y Pablo apagaron las luces, salieron del hotel y fueron paseando hasta la playa. Ignacio y tú los seguisteis y, cuando llegasteis allí, aparcasteis la moto cerca del jardín que está al lado del sanatorio pequeño.

Unos minutos más tarde, vosotros dos escuchasteis hablar a Collins y a Pablo. No habíais visto llegar al profesor, pero os disteis cuenta de dos cosas: primero, de que Collins llevaba un traje de neopreno y, segundo, de que había un yate en medio de la bahía. Por eso, pensasteis que el profesor había llegado por mar hasta la playa.

De repente, Pablo y el profesor empezaron a pelearse. Entonces, la comisaria Garay y su ayudante corrieron hacia ellos. En un primer momento, Ignacio y tú no os movisteis del lugar donde estabais escondidos. Os quedasteis detrás del muro del jardín que estaba enfrente de la playa. Sin embargo, después, cuando ya no había nadie más allí, fuisteis hasta el lugar donde se habían peleado Collins y Pablo. En la arena encontrasteis algo. No estuvisteis mucho tiempo allí porque Santiago Larralde todavía estaba en el paseo de la playa. Por eso, volvisteis rápidamente al lugar donde habíais estado escondidos. Nadie os vio. Santiago Larralde estaba muy ocupado con Pablo. Mientras tanto, Gloria Garay estaba en el yate con el profesor Collins. Todavía no habían venido los refuerzos de la policía a buscarla.

5

10

15

20

Mira el vídeo de la conversación entre Ignacio y tú en la playa de Plencia y explica los siguientes puntos:

⊕ Video
x9m27y

* ¿Qué cosas encontrasteis en la arena?
* ¿Qué hicisteis con ellas?

→ El subjuntivo y el imperativo negativo: Ejercicios en parejas Pág. 89

---

11 el traje de neopreno – der Neoprenanzug; **17 el muro** – die Mauer; **20 el paseo de la playa** – die Strandpromenade; **22 estar ocupado,-a con algo/alguien** – mit etw./jdm beschäftigt sein; **24 el refuerzo** – die Verstärkung

10 Preguntas y más preguntas

Santi siguió a Pablo. El chico corría muy rápido, pero al final, el policía consiguió atraparlo y le puso las esposas. El joven no se resistió. De repente, Santi escuchó un ruido que parecía un estornudo, miró hacia el jardín y dijo:

5 —Alguien ha estornudado.

—Yo no he escuchado nada —contestó Pablo nervioso.

Sin perder tiempo, el policía ató al amigo de Javier con las esposas a una farola y corrió hacia el lugar de donde venía el ruido. Allí, Santi encendió su linterna, pero solo vio un gato que lo miraba fijamente. Por eso, volvió al lugar donde

10 estaba Pablo.

Después, el policía llevó al chico a su coche y llamó a Gloria, pero no pudo hablar con ella. Por eso, decidió llamar a la central y pedir refuerzos. Esperó hasta que llegaron y, entonces, condujo a la comisaría. Por el camino, Santi pensó: "Si Gloria llegara a tiempo, podríamos hacer juntos el interro-

15 gatorio. Espero que esté bien".

---

3 **atrapar a alguien** – jdn einholen, erwischen, fangen; 4 **el estornudo** – das Niesen; 5 **estornudar** – niesen; 7 **atar a alguien** – jdn festbinden; 7 **la farola** – die Straßenlaterne; 13 **conducir** *(c-cz/j)* – fahren; 13 **por el camino** – unterwegs; 14 **a tiempo** – rechtzeitig

Llegaron a la comisaría y Santi llamó otra vez a Gloria, pero el móvil no funcionaba. Entonces, decidió hacer él solo el interrogatorio. Quería demostrar que su principal sospechoso era el culpable. Pablo estaba asustado. Santi se sentó delante del ordenador y empezó a preguntar:

—¿Qué hacías en la playa? ¿Qué querías de Collins? ¿Ya os conocíais?   5

—No, no conocía al profesor —contestó Pablo.

—¿Por qué te pusiste en contacto con Collins? —continuó Santi.

—Porque creo que él es el asesino —dijo Pablo nervioso—. Quería demostrar a la familia de Javier que Andrew Collins es el culpable.

De repente, un compañero de Santi tocó a la puerta y entró con un chico.   10 Era Ignacio.

—Santi, este chico dice que tiene información muy relevante sobre el caso —dijo el policía.

—¡Uf! —exclamó Santi—. ¿Tú? ¿Otra vez aquí? Siéntate en esa silla y espera un momento. Tengo que terminar una pregunta. Entonces, Pablo, me estás   15 diciendo que fuiste tú solo a hablar con un asesino. ¿Te parece eso normal?

En ese momento, Ignacio interrumpió a Santi y dijo:

—Perdón, Pablo no estaba solo, estaba con Leire. Creo que estos dos querían escapar porque los vimos con un montón de maletas cuando llegaron al Hotel Arenal.   20

Santi miró a Pablo y desconfió todavía más de él. Pero no se dio cuenta del "**vimos**" porque en ese mismo momento entró Gloria al despacho. Todavía llevaba la misma ropa que hace unas horas. Estaba mojada y cansada, y llevaba una manta por los hombros.

—¡Hola, Gloria! —sonrió Santi—. ¿Estás bien?   25

—Sí —contestó la comisaria que parecía tener mucho frío—. ¿Has conseguido averiguar qué hacían estos chicos en Plencia?

—Pues parece que todos quieren hacer nuestro trabajo y que cada uno investiga por su lado —dijo Santi—. Pero todavía no he terminado con el interrogatorio. ¿Y Collins?   30

Gloria se acercó a su ayudante y le susurró al oído:

—Nada. No he descubierto nada. ¡Ninguna prueba! He tenido que dejar a Collins en libertad.

—Vale. Pero deberías ponerte otra ropa. Si yo fuera tú, lo haría.

—Sí, no quiero ponerme enferma. Vuelvo en un segundo.   35

---

12 **relevante** – relevant, wichtig; 19 **un montón de** – viel,-e; 23 **cansado,-a** – müde; 29 **por su lado** – auf eigene Faust; 31 **susurrar al oído** – ins Ohr flüstern; 32 **dejar en libertad a una persona** – jdn freilassen; 34 **deber hacer algo** – etw. machen müssen; 35 **enfermo,-a** – krank

Cuando Gloria se fue, Santi miró a los chicos y continuó con el interrogatorio:

—Si yo estuviera seguro de que vosotros no habéis sido, os dejaría en libertad. Contadme toda la verdad. Y ahora, Ignacio, ¿qué hacías tú en la playa?

—Pues, como le he dicho...

5 —¡La verdad! Empieza por el principio.

—Sí, pero primero quiero que vea una cosa.

Entonces sacó un móvil del bolsillo de su pantalón.

—¿Qué significa esto? —dijo Santi.

—Es el móvil de Collins —contestó el chico—. Yo creo que deberían mirarlo.

10 —¿Por qué tienes tú su móvil?

—Lo encontré en la playa y hay unos mensajes que...

—Eso no te he preguntado. Además, necesitamos el permiso de Collins para...

—Ya, pero en este momento él no está aquí y...

15 —Ignacio, tú sabes que eso no está bien: coger cosas que no te pertenecen... Sabes que te has portado mal, ¿no?

—Pero... Está equivocado. ¡Yo no lo he robado! Cuando llegué a la playa, vi el móvil en la arena. Lo cogí, pero no sabía de quién era. Por eso, decidí traerlo a su comisaría.

20 —Ya —dijo el policía—. Seguro... Y yo ahora... ¿Tengo que creerte?

—Sí, porque es la verdad —dijo Ignacio y sonrió.

—Ya, ya. Y seguro que, como querías saber a quién pertenecía, entonces lo has abierto.

—Así es, pero sin querer.

25 —Sin querer... Y, ¿qué más? —dijo Santi, que solo podía reírse.

—Bueno, he visto que es del profesor y creo que les puede interesar.

—¡Chico! Hace mucho tiempo que no veo a nadie mentir tan bien y de una manera tan divertida como tú. ¡Y mira que yo veo a gente mentir todos los días! Pero, bueno... ¿Cómo has conseguido desbloquearlo?

30 —A veces no es tan difícil.

En ese momento, Ignacio mostró a Santi la pantalla del móvil. Santi no pudo evitar mirarla.

---

5 **el principio** – der Anfang; **12 el permiso** – die Erlaubnis; **16 portarse bien/mal** – sich gut/ schlecht benehmen; **17 estar equivocado,-a** – sich täuschen; **24 sin querer** – ohne es zu wollen, unabsichtlich; **29 desbloquear algo** – etw. entsperren; **32 evitar hacer algo** – vermeiden, etw. zu tun

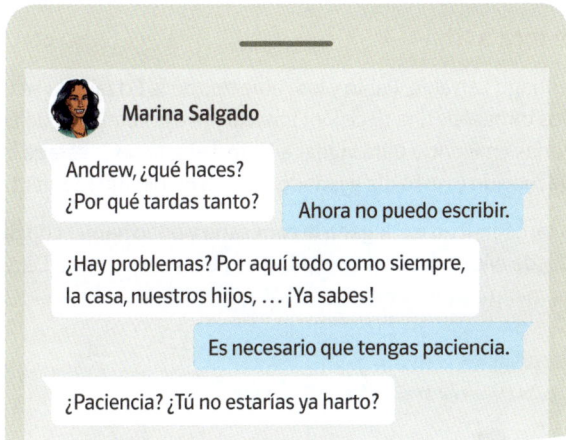

Marina Salgado

Andrew, ¿qué haces?
¿Por qué tardas tanto?

Ahora no puedo escribir.

¿Hay problemas? Por aquí todo como siempre,
la casa, nuestros hijos, … ¡Ya sabes!

Es necesario que tengas paciencia.

¿Paciencia? ¿Tú no estarías ya harto?

De repente, cuando estaba pensando: "¡Qué rollo de mensajes!", López llamó
a la puerta y entró al despacho de Santi con unos papeles.
—Tenemos que hablar —dijo López. 10
—Ahora no puedo —contestó Santi.
—Si yo fuera tú, saldría un momento al pasillo. Te quiero mostrar algo.
Santi salió, pero dejó la puerta del despacho abierta.
—¿Qué pasa, López? —preguntó Santi—. ¿Es importante?
—Sí. Mira. He comprobado que, tal y como pensaba Gloria, el chico murió 15
por el pinchazo en la nuca. El veneno que llevaba la jeringuilla es muy raro.
Pero, lamentablemente, tengo que decirte dos cosas: Todavía no hemos des-
cubierto de dónde viene ese veneno y en la jeringuilla no hemos encontrado
huellas dactilares. La persona que asesinó al joven llevaba guantes de látex.
—Bueno, López, esta información no nos ayuda mucho, ¿no? 20
—Espera, hay algo más: La forma en que la persona utilizó la jeringuilla y la
tiró al suelo muestra que se trata de una persona zurda.
—Vale —dijo Santi—. Una persona zurda, guantes, jeringuilla, veneno, …
En ese momento, Pablo, que había estado escuchando la conversación, salió
al pasillo muy asustado, interrumpió a Santi y empezó a gritar: 25
—¡Leire, Leire, ha sido Leire! Ella es zurda, llevaba jeringuillas y guantes de
látex en su bolso y…
Santi miró a Pablo y, por primera vez, confió en él. Entonces, le preguntó:
—Y, ¿dónde está Leire?

---

6 la paciencia – die Geduld; **8 ¡Qué rollo de mensajes!** – Was für langweilige Nachrichten!;
15 comprobar (-ue-) algo – etw. beweisen; **15 tal y como** – genauso wie; **16 el veneno** – das Gift;
19 la huella dactilar – der Fingerabdruck; **21 la forma en que…** – die Art und Weise, in der …;
22 tratarse de alguien – sich um jdn handeln; **22 zurdo,-a** – linkshändig

¡Ahora te toca a ti!

Cuando Santiago Larralde, Pablo y los refuerzos de la Ertzaintza se fueron, vosotros dos tomasteis una decisión: Ignacio iría a la comisaría de Erandio y tú te quedarías en Plencia para vigilar a Leire. Leire todavía estaba escondida. No se había movido y no había ayudado a Pablo en ningún momento.

Ignacio no tardó mucho en llegar a la comisaría y pudo hablar con Santiago Larralde. Desde allí, y mientras tú esperabas para ver qué hacía Leire, tu amigo te mandó este mensaje.

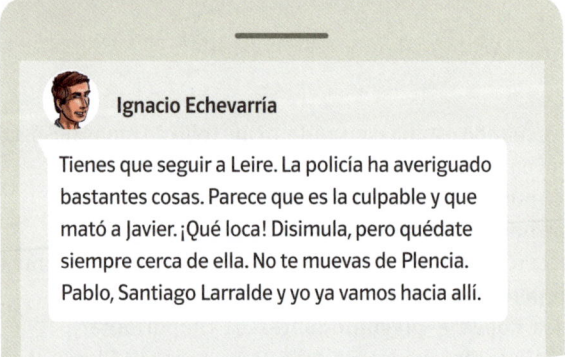

Ignacio Echevarría

Tienes que seguir a Leire. La policía ha averiguado bastantes cosas. Parece que es la culpable y que mató a Javier. ¡Qué loca! Disimula, pero quédate siempre cerca de ella. No te muevas de Plencia. Pablo, Santiago Larralde y yo ya vamos hacia allí.

Sin embargo, antes, en la playa, tú habías hecho una foto.

🌐 Foto
x9m27y

1. Mira otra vez la foto que hiciste y, después, explica estos puntos:
   • ¿Dónde estaba Leire mientras Santi ponía las esposas a Pablo?
   • ¿Qué pudiste ver tú en ese momento que Santiago Larralde no vio?

2. Haz una línea temporal de todas las cosas que pasaron esa noche desde que el policía fue a buscar a la comisaria Gloria Garay a su casa.

→ El condicional y el imperfecto de subjuntivo: Ejercicios en parejas Pág. 94

11 ¿Dónde está Leire?

Santi se levantó muy rápido de la silla y preguntó otra vez:
—¿Dónde está Leire? ¡Pablo, por favor, contesta ya!
Pero Pablo no contestó. Se quedó en silencio sin saber qué hacer.
Entonces, Ignacio interrumpió y dijo: 5
—Yo sé dónde está Leire. ¡Vamos!
Santi habló con López y le dijo:
—Avisa a Gloria de que voy con estos a Plencia al Arenal y cuéntale todo. ¡Ah!
Una cosa más: ¡Mándame su nuevo número de móvil!
Después, salieron los tres de la comisaría, entraron en el coche del policía y   10
condujeron de vuelta a Plencia. Cuando llegaron al hotel, subieron al primer
piso. Pablo llamó a la puerta y gritó:
—¡Leire, abre la puerta! Sabemos que has sido tú. ¡¿Cómo he podido confiar
en ti?! ¡¿Por qué mataste a Javier?!
Leire no la abrió, pero dijo: 15
—Pablo, ¿qué dices? ¿Estás loco?
—Tú sí que estás loca, Leire. ¡Sal de ahí! No puedes escapar. Está aquí la
Ertzaintza.
—Pues estáis todos locos y no voy a abrir la puerta.
—¡Leire, ábrela! —ordenó Santi—. Tenemos que hablar.   20
—Yo no lo maté —dijo Leire enfadada—. Soy inocente y no podéis acusarme.
Solo abriré la puerta a Ane, solo confío en ella. Si viene, hablaré con ella, pero
con nadie más. Si intentáis entrar, entonces sí que voy a hacer algo malo.
Estoy harta de todos vosotros. Tengo un cuchillo.
Entonces Santi llamó a Ane y le dijo: 25
—Ven al Hotel Arenal de Plencia, por favor.
—¿Qué pasa?
—Tienes que convencer a Leire. No quiere salir de su habitación. Pero ven y
te cuento todo. Es urgente.
Cuando llegó, Ane no podía creer las palabras de Santi, Pablo e Ignacio. Era   30
verdad que, según todas las pruebas, Leire era la principal sospechosa. Y
también era verdad que Leire era ambiciosa y calculadora, pero matar a
alguien... Ane escuchaba muy seria todas las cosas que decían los chicos
cuando, de repente, Santi interrumpió la conversación:

---

4 quedarse en silencio – schweigen, stumm bleiben; **11 conducir *(c-cz/j)* de vuelta** – zurückfahren;
20 ordenar algo a alguien – jdm etw. befehlen, etw. anordnen; **23 sí** – bestimmt;
24 el cuchillo – das Messer; **28 convencer *(c-z)* a alguien de algo** – jdn von etw. überzeugen,
jdn überreden; **29 urgente** – dringend; **32 calculador,-a** – berechnend

—Ane, no tienes que entrar si no te sientes segura. Leire puede ser peligrosa. No sabemos si tiene más jeringuillas o armas en la habitación.

—Conozco a Leire desde que éramos muy pequeñas. Voy a entrar. Yo sé que no me hará daño.

5 Santi confiaba en Ane y la dejó entrar. Además, pensaba que, quizás así, Leire se entregaría de una forma pacífica.

Cuando Ane entró en la habitación, Leire cerró la puerta. Después de unos segundos, las chicas empezaron a hablar en voz baja. Santi, en el pasillo, intentaba seguir la conversación, pero solo escuchaba algunas palabras y

10 llorar a Leire. Y, entonces, llegó Gloria y dijo:

—Lo siento, no he podido llegar antes. ¡Perdóname!

Santi le dijo:

—Claro. Pero... ¿Has venido en taxi?

—Sí. No podía conducir. No me encontraba bien.

15 —Tranquila. Después, si quieres, puedes volver en mi coche. Por cierto, hay una cosa que no te he dicho: Antes, en la comisaría, Ignacio me ha enseñado el móvil de Collins, pero yo solo he podido ver unos mensajes inofensivos porque...

---

1 sentirse *(-ie-)* – sich fühlen; **6 entregarse** – sich ergeben; **6 de una forma pacífica** – friedlich; **7 cerrar** *(-ie-)* **algo** – etw. schließen; **11 perdonar a alguien** – jdm verzeihen; **14 encontrarse** *(-ue-)* **bien/mal** – sich gut/schlecht fühlen; **17 inofensivo,-a** – harmlos

—Porque, ¿qué? —preguntó la comisaria.

—Que no he podido leer todos porque, mientras estaba leyéndolos, ha entrado López y... Bueno, ya sabes qué ha pasado... Al final, hemos venido rápidamente hacia aquí.

—Ya, ya... —dijo Gloria—. ¡Ya veo que habéis formado un buen equipo 5
mientras yo no estaba!

En ese momento, llegó un mensaje al móvil de Santi.

—Es de López —explicó el policía.

 Rafael López

Tengo algo nuevo: Solo puedes conseguir el veneno que mató al chico en México. Y, por cierto, he pedido la opinión de otro 10
experto y también está seguro de que la persona que pinchó a Javier es zurda. Espero que esto os ayude a resolver el caso.

Santi leyó el mensaje en voz alta y, después, vio cómo Gloria se tocaba la oreja. Estaba guapa cuando se concentraba tanto y sus ojos marrones brillaban más de lo normal. 15

—¡Claro! —exclamó la comisaria—. Andrew Collins también es zurdo. Recuerdo que cogió la cafetera con la mano izquierda y que llevaba el reloj en la mano derecha.

—Pero entonces, Leire... —dijo Santi—. ¿Qué hacemos con ella?

—Leire todavía es sospechosa. Ponle las esposas como medida de seguridad. 20
Bueno... ¡Ya solo tenemos que investigar a dos personas!

Santi llamó a la puerta y gritó:

—¡Chicas, tenéis que salir de la habitación!

Ane abrió la puerta, cogió por el hombro a Leire y las dos salieron asustadas. Santi le puso las esposas y, unos minutos más tarde, ya en la calle, la comisaria 25
dijo a Leire:

—Entra en el coche.

En la calle esperaba todavía el taxista que había llevado a Gloria hasta Plencia y la comisaria le preguntó:

---

15 brillar – leuchten; **15 más de lo normal** – mehr als sonst; **17 recordar (*-ue-*) algo** – sich an etw. erinnern; **17 el reloj** – die Armbanduhr; **28 el/la taxista** – der Taxifahrer/die Taxifahrerin

—¿Puede llevar, por favor, a estos dos chicos a su casa? Aquí tiene.

—Claro —dijo el taxista mientras cogía el billete que le ofrecía Gloria y Ane y Pablo se montaban en su coche—. Ningún problema.

Entonces, Gloria dijo a Ignacio:

5 —¡Sube al coche! Tú también vienes con nosotros.

Ya en el coche y de camino a la comisaría, Gloria exclamó:

—¡Es una pena que no tengamos pruebas contra Collins!

—Está equivocada, comisaria —dijo Ignacio.

Entonces, Ignacio, sin preguntar a los policías, encendió el móvil y pudieron

10 escuchar los mensajes de una mujer.

 Audios
x9m27y

—Lo siento, yo no quería encenderlo —dijo Ignacio y sonrió.

—Ya, ya —contestó Santi y le sonrió también, mientras lo miraba por el espejo retrovisor—. ¡Esto es muy fuerte!

—Sí —dijo Gloria—. ¡Conduce más rápido! Tenemos muchas cosas que hacer.

15 Entonces, Santi preguntó a Gloria:

—¿Quieres que vayamos a la comisaría con estos dos o...?

—No. ¡Cambio de planes, Santi! Vamos directos al Victoria.

—Muy bien.

—¡Pon la sirena! —ordenó Gloria—. ¡No hay tiempo que perder!

20 —Sí, tranquila. Ahora mismo. No te pongas nerviosa.

—Yo no estoy nerviosa. Solo quiero que ese hombre no se escape. Si pudiera, conduciría yo, pero estoy muy cansada.

—¿Qué pasa, Gloria? ¿No te gusta cómo conduzco yo?

Gloria no contestó la pregunta de su ayudante. Ignacio y Leire escuchaban

25 cada palabra de la conversación de los policías. Entonces, cuando casi estaban llegando a Bilbao, Leire dijo en voz baja:

—*"Matarme haría mucho ruido..."*, eso dijo Javier cuando lo mataron.

—¿Qué estás diciendo? —le preguntó Gloria.

—Javier mandó un mensaje a Pablo y...

30 —¿Y por qué no nos dijisteis todo esto antes?

---

2 **el billete** – der Geldschein; 7 **Es una pena que...** – Es ist schade, dass ...; 12 **el espejo retrovisor** – der Rückspiegel; 13 **¡Esto es muy fuerte!** – Das ist krass!; 17 **¡Cambio de planes!** – Planänderung!; 19 **poner la sirena** – das Blaulicht anschalten

¡Ahora te toca a ti!

Ignacio ya se había ido a Bilbao y tú te quedaste solo vigilando a Leire. En la playa ya no quedaba nadie.

No te importaba esperar. Hacía una buena noche: No llovía y tampoco hacía mucho frío. 5

De repente, viste que Leire salía del lugar donde estaba escondida y se dirigía por la calle Areatza al Hotel Arenal de Plencia. Por eso, también decidiste ir hacia allí, pero tú fuiste por el paseo de la ría, corriste y llegaste antes que ella.

Una de las ventanas de la habitación de Leire estaba abierta y, tras unos segundos, entraste. Tenías miedo, pero Ignacio te había mandado unos 10 mensajes desde la comisaría y alguien tenía que desenmascarar a Leire.

Te escondiste y, a los pocos minutos, Leire entró en la habitación. Tú no hiciste ningún ruido. Te quedaste como muerto. Pasó mucho tiempo, cuando, de repente, escuchaste a Santiago Larralde y al resto tocar a la puerta. Leire no la abrió. Más tarde, entró Ane en la habitación y escuchaste su conversación. 15

---

1. Mira otra vez el vídeo que hiciste en la habitación del hotel y, después, haz las siguientes actividades en tu cuaderno:
   - Describe dónde estabas tú.
   - Resume la conversación que escuchaste entre Ane y Leire.

2. Escucha otra vez los dos mensajes de la mujer de Collins y explica los puntos más importantes que se mencionan en ellos.

3. Busca en la lectura el capítulo, la página y la línea del momento en el que el profesor miente a los policías sobre su mujer. Después, explica por qué crees que Collins no les dice que es su mujer actual.

⊕ Video
Audios
x9m27y

→ El uso del pretérito imperfecto y del pretérito indefinido:
Ejercicios en parejas Pág. 96

---

4 **(no) importar a alguien hacer algo** – es macht jdm etw. (nichts) aus, etw. zu tun; 6 **dirigirse** *(g-j)* **a algo** – auf etw. zugehen; 8 **la ría** *die fjordähnliche Flussmündung*; 11 **desenmascarar a alguien** – jdn entlarven, jdn überführen

12 El botón rojo de emergencia

Eran ya las seis de la mañana cuando llegaron al Victoria. Esta vez tuvieron suerte y aparcaron delante de la puerta del hotel.

—No quiero que vosotros dos os mováis de aquí —dijo Gloria—. Ignacio, tú
5 tienes que explicarme algunas cosas. Y tú, Leire... Tú tienes que contestarme a muchas preguntas. Esperadnos en el coche.

—Corre, Gloria —dijo Santi—. No deberíamos perder más tiempo.

Dejaron el coche con los jóvenes delante de la puerta y corrieron a la recepción.

La comisaria sacó su placa, miró fijamente a la recepcionista, que estaba
10 detrás de un mostrador en el vestíbulo, y le preguntó:

—¿Está Andrew Collins en su habitación?

—No, parecía que tenía mucha prisa y se fue hace casi media hora.

—¿Con mucha prisa? —repitió Gloria.

—Sí. Pidió un taxi para ir al aeropuerto.

15 Los dos salieron del hotel, se montaron en el coche y la comisaria dijo:

—Santi, rápido, ya sabes adónde tenemos que ir.

—¿A llegadas o a salidas?

—No digas tonterías, por favor.

—Lo siento, Gloria, pero un poco de humor no estaría mal.

20 —Perdona, Santi —dijo la comisaria y le sonrió—. Estoy muy cansada.

—Si quieres, tienes diez minutos para cerrar los ojos.

—Gracias. Sí, diez minutos para descansar. Por cierto, ¿por qué eres siempre tan bueno conmigo?

Santi no le pudo contestar porque en ese momento había mucho tráfico y
25 tenía que estar atento. Mientras tanto, Ignacio te mandaba mensajes.

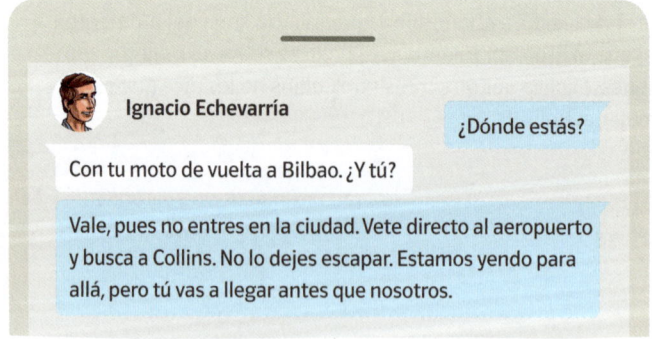

Ignacio Echevarría

¿Dónde estás?

Con tu moto de vuelta a Bilbao. ¿Y tú?

Vale, pues no entres en la ciudad. Vete directo al aeropuerto
y busca a Collins. No lo dejes escapar. Estamos yendo para
30 allá, pero tú vas a llegar antes que nosotros.

---

1 el botón de emergencia – der Notfallknopf; **10 el mostrador** – der Schalter, der Tresen; **12 tener prisa** – es eilig haben; **13 repetir (e-i) algo** – etw. wiederholen; **14 el aeropuerto** – der Flughafen; **17 la llegada** – die Ankunft; **17 la salida** – der Abflug; **25 estar atento,-a** – aufmerksam sein

Leire miraba al chico y se preguntaba por qué estaba escribiendo mensajes como un loco. Parecía muy nervioso y que estaba informando a alguien, pero... ¿A quién?
De repente, Santi se dio cuenta de que Leire e Ignacio todavía estaban en el coche y le preguntó a Gloria: 5
—¿Qué hacemos con estos?
—Nada.
—Pero, ¿no deberíamos quitarle las esposas?
—Ahora no podemos. Estamos conduciendo. Tendrá que esperar.
De repente sonó el móvil de Collins. Leire se puso muy nerviosa y grito: 10
—¡Ese es el tono de llamada del móvil de la persona que mató a Javier! Pablo lo tiene grabado.
Los policías tranquilizaron a Leire y, cuando llegaron al aeropuerto, le quitaron las esposas. Después, corrieron entre pasajeros que iban y venían, entre familias, jóvenes y grupos de turistas. Gloria miró los paneles informativos. 15
No sabía cuál era el destino de Collins. Así que, se acercó al mostrador de información y preguntó:
—Por favor, dígame la conexión más rápida con algún lugar de México, Acapulco, por ejemplo, o quizás San Francisco, no sé... O a algún lugar lejos de aquí y cerca de allí. 20
La joven del mostrador miró con sorpresa a Gloria y le dijo:
—Pero... ¿Qué pasa en Acapulco? Ya es la segunda persona hoy que tiene prisa por ir allí y son solo las siete de la mañana.
—¿Adónde ha mandado usted a esa persona? —la interrumpió Santi.
—La conexión más rápida es con Iberia, pero no es la más barata. Por eso, yo 25
les recomiendo...
En ese momento, Gloria sacó su placa y le preguntó a la chica:
—¿Cuál es la puerta de embarque del vuelo a Acapulco?
—Puerta número seis, pero tienen que darse prisa. Está a punto de despegar.
Gloria no la escuchó más y empezó a correr con su placa en la mano. Santi la 30
siguió. Todos los guardias de seguridad los dejaron pasar. Cuando llegaron a la puerta de embarque, no había nadie. Los pasajeros estaban ya dentro del avión. Sin embargo, la comisaria y su ayudante todavía pudieron entrar. Buscaron al profesor, pero no lo encontraron. ¡Collins no estaba en el avión!
Entonces, Gloria y Santi volvieron al vestíbulo de salidas y vieron a Ignacio y 35
a Leire.

---

11 el tono de llamada – der Klingelton; **12 grabado,-a** – gespeichert; **14 el pasajero/la pasajera** – der Passagier/die Passagierin; **15 el panel informativo** – die Anzeigetafel; **16 el destino** – das (Reise-) Ziel; **28 la puerta de embarque** – der Flugsteig; **28 el vuelo** – der Flug; **29 darse prisa** – sich beeilen; **29 despegar** – starten, abfliegen; **31 el guardia de seguridad** – der Sicherheitsbeamte

—¿Qué hacéis aquí? —preguntó Santi—. ¿Por qué no estáis en el coche?

—Lo siento, pero... —contestó Leire.

—¿Han conseguido atraparlo? —quiso saber Ignacio.

—No, no estaba en el avión —contestó el policía—. Tiene que estar todavía
5 por aquí o se ha vuelto a Bilbao.

—¿A Bilbao? —dijo Ignacio—. No creo. Yo lo sabría.

En ese momento, Gloria se tocó la oreja, lo miró fijamente a los ojos muy
seria y le preguntó:

—¿De qué estás hablando?

10 —Pues, yo tengo que...

—Tú tienes que... —le dijo Santi—. ¡Continúa!

—La cosa es que...

En ese mismo momento, Ignacio recibió un mensaje y lo leyó en voz alta.

> ¡Rápido! Venid a la puerta giratoria que está
> cerca del bar de las llegadas. ¡Lo tengo!

15

Gloria, Santi, Ignacio y Leire fueron enseguida hasta el bar y vieron a mucha
gente con maletas que no podía salir del aeropuerto. Todos miraban a la
puerta y, entre todas estas personas, estabas **tú** hablando con los guardias de
seguridad y, al mismo tiempo, mirando **tu** móvil, pero Gloria y Santi no sabían
20 quién eras. ¡Y allí estaba también Andrew Collins, atrapado en la puerta
giratoria!

---

14 **la puerta giratoria** – die Drehtür; 16 **enseguida** – sofort

La comisaria habló con los guardias y les dijo:

—¿Pueden sacar a este señor de ahí, por favor?

Tardaron unos minutos en poder abrir la puerta y, rápidamente, Gloria puso las esposas al profesor.

—Hola, profesor —dijo la comisaria —. Creo que tiene muchas cosas que 5 contarnos. ¿Por qué tiene tanta prisa en salir de la ciudad?

—Enhorabuena, comisaria, ya me tiene, pero quiero que me diga una cosa...

—Collins, no sé si es la cuarta o la quinta vez que le tengo que decir que aquí yo, y solo yo, hago las preguntas. Aquí tiene la primera pregunta: ¿Qué hace usted en la puerta de llegadas? 10

—Quería tomar un café porque todavía no había desayunado y en el bar de llegadas había menos gente. Entonces, ...

—Entonces, ... ¿Qué? —lo interrumpió Leire.

—¡Ya está bien! —gritó Collins—. ¡Estos niñatos! Comisaria, quiero que me diga quién es la persona que ha bloqueado la puerta y que me ha dejado 15 atrapado. Además, quiero saber por qué tiene mi microchip.

Entonces, Gloria miró muy seria a Ignacio y le preguntó:

—¿Tienes algo que decirnos?

—Sí, hay una persona. Yo sé quién ha atrapado al profesor.

—¿Y es verdad eso del microchip? —continuó Santi. 20

—Sí, es verdad —contestó Ignacio—. Pero no tienen que preocuparse. Confío totalmente en esa persona.

—¡Todos a la comisaría! —ordenó la comisaria mientras se tocaba la oreja—. ¡Ahora mismo! ¡Ya! ¡En este momento! ¡Incluida esa persona! ¿De acuerdo, Ignacio? 25

—Sí. Está aquí.

En ese mismo momento, Gloria se dio la vuelta, te miró muy fijamente y te preguntó:

—¡¿Tú?! ¿Tú eres la persona que ha apretado el botón rojo de emergencia y ha atrapado a Collins? 30

—Sí, he sido yo —contestaste tú.

—Bien. Pues tú también vienes con nosotros a la comisaría.

---

7 **la enhorabuena** – der Glückwunsch; 14 **el niñato/la niñata** – die Rotznase; 15 **bloquear algo** –
etw. blockieren; 15 **dejar atrapado,-a alguien/algo** – etw./jdn fangen; 24 **ya** – sofort; 24 **incluido,-a** –
sogar, auch; 29 **apretar algo** – etw. drücken

Entonces, Santi interrumpió a su jefa y se dirigió a **ti**:

—Pero, ¿no eres **tú**...?

—Santi, ¡¿tú conoces a esta persona?! —casi gritó Gloria.

—Sí, bueno... Ya la he visto antes.

5 —Sí, ya nos hemos visto —continuaste **tú**.

—**Tú** estabas en el bar Etxezuri —explicó el policía—. Nos chocamos, te pusiste como un tomate y no me miraste a la cara.

De repente, Gloria exclamó:

—¡Esto es demasiado! Santi, ¿cómo te olvidaste de ese detalle? Ahora mismo

10 todos a la comisaría. No tengo ganas de más sorpresas.

—Sí, señora —dijiste **tú**—. Pero me gustaría decirle que en el baño...

—No quiero escuchar nada más de baños.

—Ya —continuaste—. Pero es que allí había una persona que...

—¿Quieres decirme que tenemos **otro** caso? —**te** preguntó Gloria.

15 —Creo que sí.

La comisaria dejó a Collins con los guardias de seguridad y todos vosotros corristeis al baño. De camino hacia allí, Gloria se paró un momento, se tocó la oreja y **te** preguntó:

—**Tú** no puedes dejar de meterte en líos, ¿no?

20 —Bueno, yo...

—Creo que **te** ha gustado esta experiencia, ¿verdad? —continuó la comisaria—. No sé por qué, pero me parece que este no ha sido el último caso de **tu** vida. ¿**Tú** qué crees? Por cierto, ¿quién eres **tú**?

---

9 **el detalle** – das Detail; 19 **meterse en líos** – sich in Schwierigkeiten bringen

¡Ahora te toca a ti!

Cuando volvías a Bilbao, tu móvil vibró. Paraste la moto y viste que tenías un mensaje de Ignacio. Tenías que ir al aeropuerto porque Collins se quería escapar.

Dejaste la moto en el aparcamiento y entraste por la puerta de llegadas. ⁵
Tuviste suerte: Enseguida viste a Collins. Estaba en el bar de llegadas.
Te acercaste a él y, para ganar tiempo, tuviste que mostrarle el microchip y negociar con él. El profesor no quería problemas. Tenía que coger el vuelo a Acapulco y, por eso, pudiste convencerlo para salir del edificio.

Cuando el profesor ya estaba dentro de la puerta giratoria, conseguiste ¹⁰ apretar el botón rojo de emergencia desde fuera para bloquearla. Así pudiste atrapar al profesor.

Mandaste un mensaje a Ignacio y, en pocos minutos, la comisaria Garay, Santiago Larralde, Leire y tu amigo también fueron a la puerta de llegadas. En esos momentos, nadie sabía quién eras tú, pero Ignacio tuvo que decir ¹⁵ a la Ertzaintza: *"No estoy solo. Hay una persona que me ha ayudado a resolver el caso"*.

Ahora estáis todos en la comisaría declarando.

---

1. Mira otra vez las fotos y los vídeos que Ignacio y tú habéis hecho estos últimos días. ¿Hay detalles que no visteis la primera vez?
Explica a Gloria Garay y a Santiago Larralde todos estos detalles.

   ⊕ Fotos
   Videos
   x9m27y

2. Elige la escena de *Matarme haría mucho ruido* que más te gusta.
Busca a compañeros a los que también les interese esa escena.
Formad un grupo y haced un vídeo sobre ella.

→ Un poco de todo: Más ejercicios en parejas Pág. 98

---

2 vibrar – vibrieren

 Lösungen
x9m27y

El subjuntivo: Ejercicios individuales

En unos días, tu profesor quiere examinar tus conocimientos de gramática. Por eso, hoy vas a repasar (*wiederholen*) el subjuntivo. Si tienes problemas con algún ejercicio, puedes mirar el *Grammatisches Beiheft*.
Haz los siguientes ejercicios en tu cuaderno para preparar el examen.

1 Explica en alemán cómo se forma el presente de subjuntivo. Para ello, mira los ejemplos de las páginas 11 (líneas 19 y 30), 12 (líneas 6 y 7) y 13 (línea 14).

2 Forma el **subjuntivo** de los siguientes verbos. Los dados te dicen qué persona es.

a) ⚂ declarar	h) ⚄ escribir
b) ⚄ desaparecer	i) ⚁ ir
c) ⚃ dar	j) ⚀ pedir
d) ⚂ robar	k) ⚂ estar
e) ⚀ sentarse	l) ⚄ saber
f) ⚁ tener	m) ⚂ decir
g) ⚄ ser	n) ⚅ comer

3 Haz una tabla como esta en tu cuaderno con los verbos de debajo. Marca si estos verbos están en **presente de indicativo** o en **presente de subjuntivo**. Después, escribe la forma que falta.

		indicativo	subjuntivo
a)	representes	representas	✓
b)	vivo	▪	▪

! Si hay varias soluciones, escríbelas.

a) ~~representes~~
b) vivo
c) bebemos
d) parezcáis
e) contesten
f) sé
g) llaméis
h) continúo
i) grite
j) hay
k) haces
l) esperéis
m) sois
n) estamos
ñ) ve
o) cojo
p) te pones
q) pasemos
r) tengan
s) siga

4 Lee las siguientes frases y elige el sujeto del verbo en **negrita**.
Tacha (*durchstreichen*) el que no sea correcto, como en el ejemplo.

a) Mi madre quiere que **hagamos** la cama.   ~~mi madre~~   mi hermano y yo

b) Mi madre quiere que **ayude** en casa.   mi madre   yo

c) Le recomiendan que **haga** deporte.   Ana   yo

d) No soporto que **digáis** mentiras.   tú   vosotros

e) Luis odia que nos **gritemos**.   Luis y tú   Luis y yo

f) Mi abuela se alegra de que la **llame** por teléfono.   mi abuela   yo

g) A mí me gusta que **llame** por teléfono.   mi novio, -a   yo

h) Me da pena que no te **dé** su número de móvil.   Andrea   yo

i) A mis primos les gusta que los **visitemos**.   Juan y su amigo   tú y yo

5 Expresa tu opinión sobre los temas de debajo. Utiliza las expresiones que encuentras en el capítulo del **subjuntivo** de tu *Grammatisches Beiheft*.

Ejemplos:
Me gusta que la gente se dé la mano.
Odio que la gente no se quite los zapatos antes de entrar en casa.

- ~~darse la mano~~
- llegar siempre tarde
- levantarse temprano
- gritar en las tiendas
- llevar perros a la playa

- robar en el supermercado
- hablar por el móvil en el tren
- irse de un lugar sin despedirse
- llamar por teléfono a las 23:30
- comer y beber en el metro / clase / el autobús
- ~~quitarse los zapatos antes de entrar en casa~~
- hacer los deberes el viernes por la tarde y no el domingo

6 Eva, la hermana de Ignacio, todavía tiene que aprender muchas cosas. Su madre le explica algunas.

a) Para eso, primero, relaciona las dos columnas (*Spalten*).

La situación	¿Qué tienes que hacer?
1. Te están hablando.	a) Ponerla otra vez en su lugar.
2. Te han dado un regalo.	b) Contestar.
3. Necesitas algo.	c) Compartir.
4. Tienes algo para comer.	d) Escuchar.
5. Has hecho algo malo.	e) Dar las gracias.
6. Has cogido una cosa.	f) Pedir perdón.
7. Te han hablado / preguntado.	g) Pedirlo por favor.

b) Explícale ahora las normas de arriba a Eva, como en los ejemplos.

Ejemplos:
Es importante que escuches cuando te están hablando.
Si necesitas algo, es necesario que lo pidas por favor.

7 Elige un verbo de las casillas para cada frase. Después, busca para cada principio de frase de la izquierda el final correcto de la derecha y conjuga el verbo que has elegido en **presente de subjuntivo**. A veces hay varias posibilidades.

llegar   decir   ir   participar   ~~dar~~   poder   hacer

a) Quiero que…	1. vosotros nunca ▨ la verdad.
b) El profesor espera que…	2. ▨ a Londres con ella a estudiar inglés.
c) Tú odias que…	3. tú ▨ daño a tus mejores amigos.
d) Tu madre se alegra de que…	4. muchos alumnos ▨ en las olimpiadas entre institutos.
e) No soporto que…	5. yo siempre ▨ tarde.
f) Me da pena que…	6. Ane no ▨ venir a la fiesta.
g) Me da rabia que…	7. mi padre me ▨ dinero para el cine.

8 Un buen amigo tuyo o una buena amiga tuya acaba de decirte que no puede ir de vacaciones con vuestro grupo de amigos porque sus padres no quieren que vaya. Escríbele unos consejos para convencer (*überzeugen*) a sus padres.

El futuro: Ejercicios individuales

🌐 Lösungen
x9m27y

Hoy te toca repasar el futuro. Haz los siguientes ejercicios en tu cuaderno.

1 Explica en alemán cómo se forma el **futuro** de los verbos regulares e irregulares. Para ello, mira los ejemplos de las páginas 15 (líneas 6, 14 y 15) y 16 (línea 14).

2 Conjuga en **futuro** las formas de estos verbos irregulares.

a)	yo hago	*yo haré*	f)	vosotros salís	▦
b)	tú dices	▦	g)	ellos saben	▦
c)	nosotros tenemos	▦	h)	hay	*habrá*
d)	ellos vienen	▦	i)	ellas quieren	▦
e)	ella puede	▦	j)	ustedes ponen	▦

3 Forma frases sobre *Matarme haría mucho ruido* en **futuro**.

a) Ane

b) Gloria y Santi

c) Ignacio y yo

d) El invento

e) Yo

f) Pablo y tú

g) Gloria

h) Santi

1. (mover) millones de euros.
2. (tomar) notas de dos conversaciones en el metro.
3. (escuchar) un mensaje de Javier en su móvil.
4. (viajar) en metro a Bilbao con Leire y Pablo.
5. no (comer) nada hoy y los dos (tener) hambre.
6. (querer) ir en coche con Gloria, pero no (poder).
7. (ver) mis *selfies* en su casa.
8. (sentarse) en un banco y (escribir) algo en su cuaderno.

4 Construye frases con **si**, como en el ejemplo.

  a) yo: ir a la piscina / comprar un helado
   Si voy a la piscina, compraré un helado.
  b) tú: irse tarde a la cama / querer dormir más por la mañana
  c) vosotros: escuchar en clase / poder entender mejor los ejercicios
  d) Alba: ¿sonreír a la profesora / tener buenas notas?
  e) Santi: investigar mucho / saber más del caso

5 Las fotos de debajo muestran cómo será el próximo fin de semana de María
y Julián. Míralas y escribe un pequeño texto en **futuro** con las cosas que harán.
Tú decides cómo será su fin de semana.

salir por el parque

no querer estudiar

ver una película

poder visitar un museo

ir a la playa

bucear

6 Termina las siguientes frases utilizando el **futuro**.

   a) Si hace mal tiempo, …
   b) Ven a verme y…
   c) Compra unos buenos zapatos y no…
   d) Si comes menos, …
   e) Mis padres van a abrir una tienda y, después, …
   f) Si tenéis más tiempo libre, …

7 Mira las fotos y piensa qué planes, proyectos… tienes para el futuro sobre los siguientes temas. Escribe en tu cuaderno tres cosas para cada foto, como en el ejemplo.

familia / relaciones

formación / estudios

profesión / trabajo

viajes / tiempo libre

Ejemplo:
1: (No) Me casaré.

⊕ Lösungen
x9m27y

El condicional y el pretérito imperfecto de subjuntivo: Ejercicios individuales

Hoy te toca repasar el condicional y el pretérito imperfecto de subjuntivo. Haz los siguientes ejercicios en tu cuaderno.

1 Explica en alemán cómo se forman el **condicional** y el **imperfecto de subjuntivo**. Mira los ejemplos de las páginas 20 (línea 26), 21 (líneas 11, 12 y 13), 22 (línea 8) y 23 (líneas 17 y 19).

2 Conjuga en **condicional** las formas de estos verbos irregulares.

a) (yo) hago   *(yo) haría*   f) (vosotros) salís   ■

b) (tú) dices   ■   g) (ellos) saben   ■

c) (nosotros) tenemos   ■   h) hay   *habría*

d) (ellos) vienen   ■   i) (ellas) quieren   ■

e) (ella) puede   ■   j) (ustedes) ponen   ■

3 Forma frases en **condicional**.

hacer   gustar   querer

trabajar   tener (2x)

salir   venir   casarse

a) Laura ■ que comer un bocadillo para no tener hambre.
b) Nosotros ■ a las seis de la mañana de casa para llegar temprano.
c) ■ mucho para poder tener las mejores vacaciones de mi vida.
d) Alba y Luis ■ un viaje por el mundo para conocer a gente nueva.
e) Rafa, ¿no ■ ser monitor y trabajar con niños?
f) Nos ■ vivir en una ciudad.
g) Marta, Ana, ¿■ a mi casa este verano?
h) Yo ■ y ■ hijos después de trabajar durante dos años, ¿y tú?

4 Dos amigos del intercambio que hiciste en España quieren estudiar en Alemania. Escribe tres recomendaciones usando el **condicional**.

Ejemplo:
Yo buscaría una familia grande para vivir.

5 Escribe cinco deseos en **condicional**.

6 Piensa en tus gustos, en tu realidad, … ¿Qué cambiarías, harías, dejarías de hacer, etc.? Completa las frases usando el **condicional**.

a) Si fuera profesor, yo…
b) Si fuera madre o padre, yo…
c) Si fuera médico, yo…
d) Si fuera director de instituto, yo…
e) Si fuera testigo de un asesinato, …
f) Si fuera…

7 Escribe cómo ayudarías tú en estas situaciones.

a) Ves un accidente de tráfico.
b) Los trenes de tu ciudad hoy no funcionan.
c) Ves a un niño pequeño solo y que está llorando en la calle.
d) En la calle ves a una persona que sale de una tienda con una bolsa grande y empieza a correr. Segundos más tarde, sale el dependiente y empieza a gritar.
e) En la calle ves cómo una persona de más de 70 años se cae.

8 Relaciona las frases de las dos columnas para formar frases con sentido. Después, complétalas con los verbos en **condicional**.

a) Si cenaras menos, y no a las 23:00,
b) Si hicieras más deporte,
c) ¿Si mañana no nevara,
d) Si mis mejores amigos vivieran en mi ciudad,
e) Si trabajáramos mucho y ahorráramos,
f) Si te interesara de verdad,
g) ¿Si Ana estuviera aquí,
h) Si fuerais más amables,

1. no (olvidarte) de mi cumpleaños.
2. (hablar) con ella?
3. (conocer) a más gente.
4. (estar) más delgado.
5. (dormir) mejor.
6. (salir) juntos todos los días.
7. (poder) comprar una casa.
8. (ir) a correr por el parque?

9 Forma frases con el **imperfecto de subjuntivo** y el **condicional** con ayuda de las siguientes palabras, como en el ejemplo.

a) vosotros • no • hablar • tan rápido → ella • entenderos
  Si no hablarais tan rápido, ella os entendería.

b) el profesor • darnos • más tiempo → nosotros • terminar • los deberes • en clase

c) María • celebrar • una fiesta de cumpleaños → yo • poner • la música

d) tú • ahora • decir • la verdad → tu novia • creerte

e) ¿Vosotros • tener • un gato → no • vivir • en la ciudad?

f) mañana • no llover → yo • ir • a la piscina

10 Elige un verbo de las casillas y completa el diálogo con el **condicional** o con el **pretérito imperfecto de subjuntivo**, según corresponda.

| poder | ser (2x) | tener (2x) | ir | permitir | comprar | hacer (2x) |

Leticia: Si yo ▦ rica, me ▦ una casa.
Andrés: Pues si yo ▦ rico, ▦ todos los meses un viaje.
Leticia: Yo también, pero ahora tenemos que ir al instituto y tenemos clase.
Andrés: Si nosotros no ▦ clase mañana, ▦ a tomar algo a un bar.
Leticia: Yo no puedo. Mis padres no me dejan ir de bares.
Andrés: Si mis padres no me ▦ ir de bares, yo no sé qué ▦.
Leticia: Si yo ▦ dinero, ▦ elegir dónde vivir.

11 Explica qué harías en las siguientes situaciones. Mira el ejemplo.

a) Tienes que aprender un idioma en dos semanas.
   Si tuviera que aprender un idioma en dos semanas,
   intentaría ir al país donde se habla.

b) Te das cuenta de que tienes
   el jersey roto.

c) Te pertenece una empresa en
   Lima.

d) Tus padres llegan en una hora y
   el piso está fatal porque has
   celebrado una fiesta.

e) Hoy es el cumpleaños de tu madre
   y no tienes un regalo para ella.

f) Ves a tu profesora en la playa.

g) Encuentras dos mil euros en
   la calle.

h) Eres muy rico.

i) Sabes hablar siete idiomas.

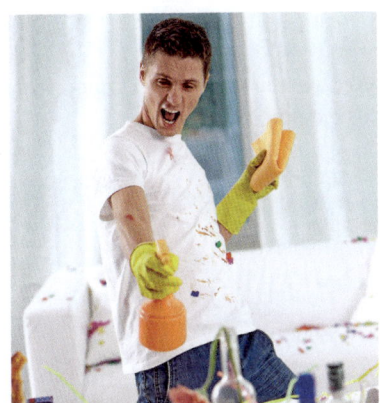

12 Explica en qué condiciones harías estas cosas. Mira el ejemplo.

a) cambiar de instituto
   Cambiaría de instituto, si estuviera más cerca de mi casa.

b) hablar con un chico,-a
   desconocido,-a en la calle

c) preocuparse

d) hacer una fiesta sorpresa

e) soportar a alguien tonto una
   semana

f) vivir con 30 años con tus padres

g) no dormir dos noches

h) discutir con tus padres

i) hablar seriamente con tu hermana

⊕ Lösungen
x9m27y

El imperativo negativo: Ejercicios individuales

Hoy te toca repasar el imperativo negativo. Haz los siguientes ejercicios en tu cuaderno.

1 Explica en alemán cómo se forma el **imperativo negativo**. Para ello, mira los ejemplos de la página 26 (líneas 7, 8, 27 y 32).

2 Completa la tabla con el **imperativo negativo** o el **afirmativo**, como en los ejemplos.

	imperativo afirmativo	imperativo negativo			imperativo afirmativo	imperativo negativo
a)	¡Habla!	¡No hables!	h)			¡No interrumpas!
b)	¡Trabaja!	¡No trabajes!	i)		¡Acuérdate!	
c)	¡Sube!		j)		¡Cúbreme!	
d)		¡No digáis!	k)		¡Perded!	
e)	¡Id!		l)			¡No construyas!
f)		¡No os duchéis!	m)			¡No os acerquéis!
g)	¡Come!		n)			¡No sigáis!

3 Ignacio tiene hoy un mal día y reacciona negativamente a todo lo que le dices. Escribe sus respuestas en **imperativo negativo**.

a) —¿Traigo una pizza para cenar?
   —No, no la traigas.

b) —¿Hago un flan?
   —■.

c) —¿Vengo temprano para ayudarte?
   —■.

d) —¿Dejo tu jersey en tu habitación?
   —■.

e) —¿Empiezo a cenar yo solo?
   —■.

f) —¿Te llamo mañana a las ocho?
   —■.

4 Isa y José comparten piso. A veces tienen problemas y discuten. Por eso, preparan notas (*Notizzettel*) con las cosas que les molestan. Escríbelas con las ideas de debajo en **imperativo negativo**.

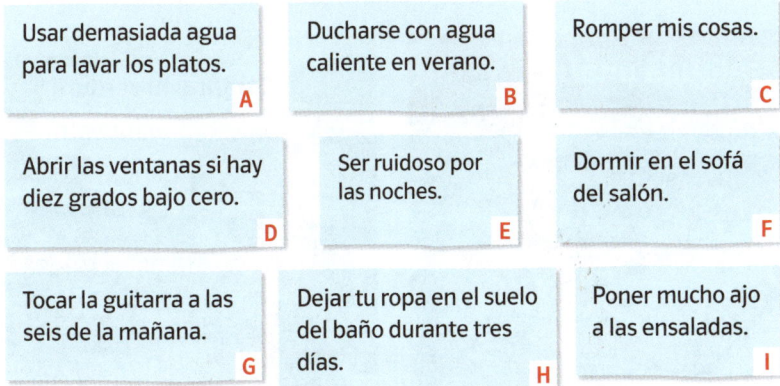

Usar demasiada agua para lavar los platos. **A**

Ducharse con agua caliente en verano. **B**

Romper mis cosas. **C**

Abrir las ventanas si hay diez grados bajo cero. **D**

Ser ruidoso por las noches. **E**

Dormir en el sofá del salón. **F**

Tocar la guitarra a las seis de la mañana. **G**

Dejar tu ropa en el suelo del baño durante tres días. **H**

Poner mucho ajo a las ensaladas. **I**

5 Tienes un grupo de mensajes en tu móvil con la familia de Ignacio. Hoy te han mandado varios mensajes, pero tu móvil no funciona bien. Completa los mensajes con los verbos de debajo en **imperativo negativo** en la persona correcta.

irse   preocupar   tocar   llegar   olvidarse   mostrar

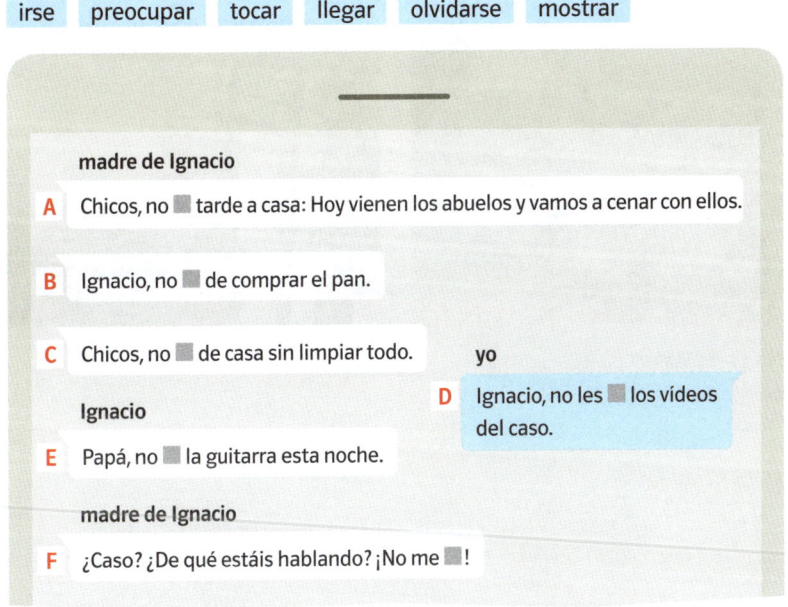

madre de Ignacio

A Chicos, no ■ tarde a casa: Hoy vienen los abuelos y vamos a cenar con ellos.

B Ignacio, no ■ de comprar el pan.

C Chicos, no ■ de casa sin limpiar todo.

Ignacio

E Papá, no ■ la guitarra esta noche.

yo

D Ignacio, no les ■ los vídeos del caso.

madre de Ignacio

F ¿Caso? ¿De qué estáis hablando? ¡No me ■!

6 Estás haciendo unas prácticas en una empresa de publicidad y tienes que escribir unas frases para unos anuncios en **imperativo negativo**. Mira las fotos, qué pone en cada foto y el ejemplo. Después, piensa dos frases más más para cada foto.

¡Alquila una!

No uses gasolina.
...

¡Compra tu verdura en nuestra tienda!

No la compres en el supermercado.
...

¡Este invierno, te esperamos!

¡Ven!

No lo pases en casa.
...

¡Llámanos!
¡Nosotros te podemos ayudar!

No hagas deporte solo / sola.
...

El pretérito perfecto: Ejercicios individuales

⊕ Lösungen
x9m27y

Hoy te toca repasar el pretérito perfecto. Haz los siguientes ejercicios en tu cuaderno para preparar el examen.

1 Explica en alemán cómo se forma el **pretérito perfecto**. Para ello, mira los ejemplos de las páginas 29 (líneas 3 y 8) y 30 (líneas 7, 12, 18 y 20).

2 Escribe cuatro participios regulares y cuatro irregulares.

regulares	irregulares
▪	▪
...	...

3 Escribe tres marcadores temporales típicos del **pretérito perfecto**.

4 Elige para cada frase el sujeto correspondiente. A veces, hay varias posibilidades.

Ana y Luis   Paula y tú   el señor López

~~Marta~~   Sofía y yo   yo

la señora Ruiz y el señor Acha   tú

a) Ha comprado el pan toda esta semana.
   Marta

b) No han visto todavía su serie favorita.

c) Estos últimos días has leído la lectura de español en el autobús.

d) ¿Habéis abierto la ventana de la habitación esta mañana?

e) Este mes he ido a la biblioteca tres veces.

f) Hemos hecho los deberes después de salir de clase.

g) ¿Ha pedido ya la cuenta?

h) ¿Han tenido un buen viaje?

5 Lee las siguientes frases. Di en cuáles se hace una valoración (*Einschätzung*) positiva y en cuáles una negativa.

a) ¡La película no me ha gustado!

b) ¡Hoy ha hecho demasiado frío!

c) ¡No ha llovido mucho este año! La verdura está muy cara.

d) ¡La playa nos ha encantado!

e) ¡¡¡Ha sido un día guay con muchas sorpresas!!!

f) ¡Ha hecho un calor horrible!

6 Leire y Ane han pasado toda la mañana en una cafetería. Mira las fotos y escribe frases sobre qué han hecho en tu cuaderno.

7 Aquí tienes unos titulares de algunas noticias de *El Correo*, un periódico de Vizcaya. Escribe qué ha pasado en cada caso.

Ejemplo:
Han robado unos dibujos de Goya del Museo de Bellas Artes.

a) **Dibujos de Goya desaparecen del Museo de Bellas Artes**

b) **TIENEN AL ASESINO DE LA PEQUEÑA MARINA**

c) El último sapo del parque de Doña Casilda de Bilbao está muerto

d) **POR FIN, TENEMOS EL ÚLTIMO LIBRO DE URQUIDI**

e) Alex Barturen contestó muy contento a nuestras preguntas, después de salir de la oficina de patentes. ¡Cinco inventos en diez meses!

8 Lee las notas de Ignacio y escribe qué ha hecho ya hoy y qué tiene que hacer todavía.

Ejemplo:
Ignacio ya ha hablado con la jefa, pero todavía no…

- hablar con la jefa ✓
- escribir un anuncio en la red social de la empresa
- encontrar a una persona con inglés como lengua materna ✓
- hacer el diseño de la nueva página web ✓
- ver la lista de los nuevos clientes ✓
- traer un café para mí y para mi jefa del bar de enfrente de la oficina ✓
- leer todos los correos de esta mañana ✓
- ponerme un traje para la presentación de esta tarde

9 Estas vacaciones han sido especiales porque has hecho cosas que normalmente no haces. Escribe frases como en el ejemplo.

Ejemplo:

Normalmente, voy de vacaciones al pueblo de mis abuelos, pero estas vacaciones he estado en Bilbao.

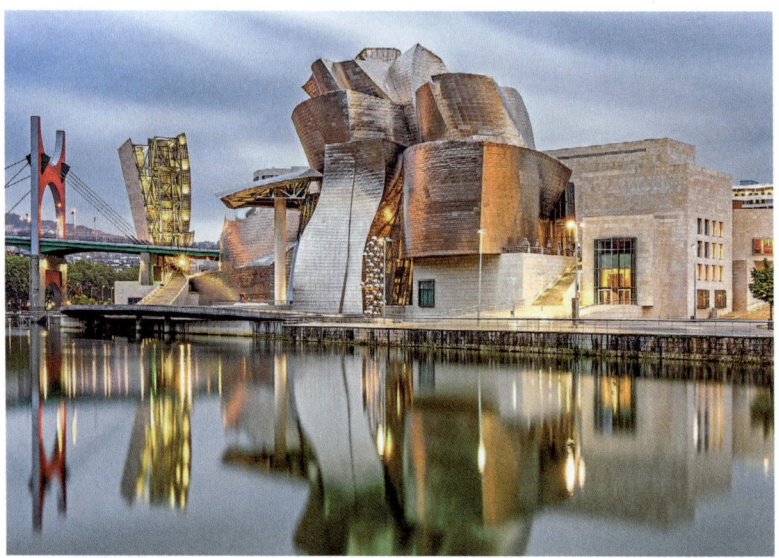

	normalmente	estas vacaciones
a)	ir al pueblo de sus abuelos	estar en Bilbao
b)	viajar en tren o en autobús	ir en avión
c)	trabajar en un campamento de verano	ayudar en un caso a la policía
d)	no hacer fotos	hacer muchas fotos
e)	ver algunas películas en la tele	leer muchos libros
f)	no salir mucho e irse temprano a la cama	volver muy tarde a casa

10 Escribe en tu cuaderno siete cosas interesantes que ya has hecho esta semana.

El futuro: Ejercicios en parejas

⊕ Lösungen
x9m27y

Hoy vas a repasar el futuro con un compañero. Haced los siguientes ejercicios.

1 Imaginad que uno de vosotros es Ignacio y el otro eres "tú". Hoy es tu última noche en Bilbao y… ¡Tus cascos se acaban de romper! Ignacio quiere que te lleves sus cascos porque vuelves en autobús a Alemania y el viaje dura 22 horas. Completad el diálogo con los verbos de las casillas en **futuro**.

| echar (2x) | poder | volver | traer | hablar | ser (2x) | pasar | leer |

| escribir | llevarse | alegrarse (2x) | llegar | olvidar | tener |

Tú

1. Lo siento, Ignacio, pero no ▢ (yo) tus cascos.

2. Pero… ¿Por qué no? Ya los **traerás**.

3. Ignacio, muchas gracias, pero no ▢ (tú) escuchar música y, al final, ▢ (tú) que comprar otros y no me parece bien.

4. Vale. ¿Sabes? En Bilbao las cosas no **serán** muy divertidas si no estás aquí. Además, **llegarás** a Alemania y, en unas semanas, nos **olvidarás**. ¿Sabes? Te **echaremos** de menos.

5. ¡No! ▢ (nosotros) por el móvil y nos ▢ (nosotros) mensajes. Yo también os ▢ de menos. Pero, tranquilo, ▢ (yo) en verano.

6. ¡Vale! Entonces, **pasaremos** el verano con Pablo, Leire y Ane. Ellos **se alegrarán** si vienes.

7. También yo ▢. Pero ahora voy a dormir porque mañana ▢ un día muy largo.

8. Bueno, yo **leeré** un poco en la cama. Hasta mañana.

Ignacio

1. Lo siento, Ignacio, pero no me **llevaré** tus cascos.

2. Pero… ¿Por qué no? Ya los ▢ (tú).

3. Ignacio, muchas gracias, pero no **podrás** escuchar música y, al final, **tendrás** que comprar otros y no me parece bien.

4. Vale. ¿Sabes? En Bilbao las cosas no ▢ muy divertidas si no estás aquí. Además, ▢ (tú) a Alemania y, en unas semanas, nos ▢ (tú). ¿Sabes? Te ▢ (nosotros) de menos.

5. ¡No! **Hablaremos** por el móvil y nos **escribiremos** mensajes. Yo también os **echaré** de menos. Pero, tranquilo, **volveré** en verano.

6. ¡Vale! Entonces, ▢ (nosotros) el verano con Pablo, Leire y Ane. Ellos ▢ si vienes.

7. También yo **me alegraré**. Pero ahora voy a dormir porque mañana **será** un día muy largo.

8. Bueno, yo ▢ un poco en la cama. Hasta mañana.

2 Primero escribid cinco años en un papel con momentos o actividades muy importantes de vuestra vida futura, como en el ejemplo. Podéis usar los ejemplos de la tabla y pensad cada uno de vosotros en otros tres más. Después, mostrad la hoja con los años a vuestro compañero. Haced preguntas sobre esos años, como en el ejemplo, uno al otro para saber qué pasará. Al final, contad a la clase dos momentos importantes del futuro de vuestro compañero.

casarse
tener hijos
saber cinco idiomas
escribir un libro
poder comprar una casa / un piso
querer formar una empresa
hacer un viaje por todo el mundo
…
…
…

2025 / casarme
2027…

Ejemplo:
A: ¿En 2025 te casarás?
B: Sí / No, en 2025…

3 Cuenta a tu compañero seis cosas que harás…

las próximas vacaciones de verano   el día de tu cumpleaños

en Navidad   en la fiesta de tu pueblo / de fin de curso   en Carnaval

4 ¡Vamos a jugar! En unas semanas tenéis una entrevista en una empresa y un viaje a Mallorca. Escribid cinco cosas con sentido que tendréis que hacer para preparar la entrevista y cinco cosas para preparar el viaje. Gana la persona que primero escriba las diez cosas.

1

2

5 ¡Vamos a jugar! Describe en un papel, en **futuro**, un fin de semana de un compañero o de una compañera de clase. ¡Pero no escribas su nombre! Tus compañeros tienen que adivinar quién es.

El uso del pretérito imperfecto y del pretérito indefinido: Ejercicios individuales

⊕ Lösungen
x9m27y

Hoy te toca repasar el contraste entre el pretérito imperfecto y el pretérito indefinido. Haz los siguientes ejercicios en tu cuaderno.

1 Explica en alemán cómo se forman el **pretérito imperfecto** y el **pretérito indefinido**. Para ello, mira los ejemplos de las páginas 36 y 37.

2 Completa las siguientes tablas en tu cuaderno.

pretérito imperfecto			pretérito indefinido		
-ar	-er	-ir	-ar	-er	-ir
hablaba	■	■	hablé	■	■
■	■	■	■	■	■
■	comía	■	■	■	■
■	■	■	■	■	vivimos
■	■	vivíais	■	comisteis	■
■	■	■	■	■	■

3 Mira las siguientes formas y ordénalas en las tablas de debajo.

~~bailábamos~~   veía   ~~mentiste~~   conseguisteis   ~~toqué~~   investigamos
seguíais   iban   puse   ibas   creyeron   trabajé   fuisteis   viniste
leí   erais   hacían   entraste   veían   estuvo   reíste   gritabais
hizo   pedí   cubrieron   quisieron   subías   pudisteis   mandabais
era   demostrábamos   entendíais   jugué   averigüé   pertenecías
leyó   supieron   probaba   tuve   acompañó   perdíamos   veíamos

regulares		irregulares	
pretérito imperfecto	pretérito indefinido	pretérito imperfecto	pretérito indefinido
bailábamos	mentiste		
	toqué		

4 Escribe tres marcadores temporales que se usan con el **pretérito imperfecto** y tres con el **pretérito indefinido**.

5 Escribe en tu cuaderno cuándo se usa el **pretérito imperfecto** y cuándo el **pretérito indefinido**.

a) Beschreibungen in der Vergangenheit

b) gewohnheitsmäßige Handlungen in der Vergangenheit

c) Beschreibungen von Situationen

d) Handlungen und Ereignisse, die neu eintreten

e) Beschreibungen von Gefühlen

f) vergangene und abgeschlossene Handlungen

g) Beschreibungen von Personen

h) Beschreibungen vom Wetter

6 Relaciona estas frases con los usos del ejercicio 5.

1. Todas las mañanas se levantaba a las cinco, se duchaba, desayunaba un café sin leche y sin azúcar, salía a la calle y tomaba el autobús número 52.

2. De repente, llegó Juan y todos paramos de bailar.

3. Ayer llegué a las diez de la noche a casa, cené un bocadillo y me fui a la cama.

4. Marío trabajaba más de catorce horas al día. Espiaba y seguía a la gente. Sus mejores amigos trabajaban en la policía, pero él no. Él era detective privado.

5. Llovía todos los días y si no llovía, nevaba. Hacía muchísimo frío y no hacía sol.

6. Estábamos de vacaciones y teníamos solo cinco días para visitar la ciudad.

7. María estaba aburrida y lloraba: Quería salir con alguien, pero no tenía amigas. A mí me daba mucha pena.

8. Nuria era una chica alta, tenía los ojos azules, llevaba siempre vaqueros y nunca se reía.

7 Relaciona y pon el verbo en la forma apropiada. ¡Cuidado con los tiempos!

a) Comí muy poco…
b) No hubo clase de Inglés…
c) Ana se fue a la cama
   a las ocho…
d) Juan y Luis no fueron
   al concierto…
e) Compramos una casa nueva…
f) María dejó de salir con su novio…
g) Nos quedamos en la habitación
   del hotel…

1. porque el profesor no (venir).
2. porque (llover) mucho.
3. porque no la (apoyar) en sus
   proyectos profesionales.
4. porque los dos (tener) que
   estudiar.
5. porque no (gustar) la comida.
6. porque (tener) que levantarse
   muy temprano.
7. porque nuestro piso (ser)
   demasiado pequeño.

8 Jana te explica por qué aprendió español. Ignacio, que está en tu casa,
quiere saber qué te dice. Cuenta la historia a Ignacio utilizando el **pretérito
imperfecto** y el **pretérito indefinido**.

Als ich elf war, haben meine Mutter
und ich zwei Wochen Urlaub in
Torre del Mar bei Málaga gemacht.
Morgens sind wir zum Strand
gegangen und danach haben wir
immer in der Nähe von unserem
Hotel in einem Restaurant gegessen.
Oft habe ich mir Tortilla bestellt.
Einmal haben wir gesehen, wie ein

5

Mann etwas ganz Besonderes aß. Wir kannten dieses Gericht nicht, aber es   10
sah total lecker aus und ich wollte es unbedingt probieren. Meine Mutter hat
also versucht, dem Kellner das zu erklären. Und der hat dann auf Spanisch
gesagt: „¡Pero el plato es muy picante!". Aber meine Mutter hat ihn nicht ver-
standen und das Gericht bestellt. Nach zehn Minuten hat mir der Kellner
dann das Gericht serviert und ich hab es probiert. Es war total viel Chili drin   15
und ich kriegte nichts runter! Ich fing an zu heulen, meine Mutter schrie den
Kellner an, aber der sagte gar nichts mehr. Das war der volle Horror! Meine
Mutter und ich haben dann wütend das Restaurant verlassen. Als wir im
Hotel waren, hat meine Mutter das Wort „picante" nachgeschlagen: Und das
heißt auf Deutsch „scharf" und nicht pikant. Als wir das gesehen haben, sind   20
wir natürlich gleich zurück zum Restaurant und haben uns beim Kellner ent-
schuldigt. Und der hat nur gelacht! Tja, und da hab ich beschlossen, Spanisch
zu lernen. Ich wollte beim Essen einfach keine Überraschungen mehr erleben.

9 Aquí tienes una lista de frases en presente. Escribe una historia con ellas en el pasado utilizando conectores y adverbios de tiempo (*Zeitangaben*). ¡Cuidado con el **pretérito imperfecto** y el **pretérito indefinido**!

Así empezó la historia de Sofía y Álvaro:

1. Son las doce de la noche, hace frío y llueve.
2. Álvaro sale del bar La Sorpresa y va al aparcamiento donde tiene su bicicleta.
3. Llega allí y ve que está rota. Tiene un pinchazo.
4. Mira en su mochila y en los bolsillos del pantalón y se da cuenta de que no tiene dinero.
5. Ve llegar a Sofía, su profesora de Matemáticas.
6. Lleva unos pantalones de deporte, una chaqueta y unos guantes.
7. Parece que está haciendo deporte.
8. A Álvaro le gusta mucho la profesora, pero no quiere hablar con ella en ese momento y se esconde.
9. Sofía lo ve y le pregunta: "¿Qué haces aquí a estas horas?".
10. Álvaro, que solo lleva unos pantalones cortos y una camiseta y tiene mucho frío, se pone rojo.
11. Pero le pregunta: "¿Y tú?".
12. Sofía le contesta: "Estoy corriendo porque no puedo dormir".
13. El chico le explica la situación y le pide un poco de dinero.
14. La profesora le dice: "Yo tampoco tengo dinero, pero te puedo acompañar a casa".
15. Álvaro está nervioso y no sabe qué decir.
16. Sofía coge la bici de Álvaro, le toca el hombro y dice: "¡Vamos!".
17. Álvaro la sigue.
18. Van hasta la casa del chico y allí su profesora se despide de él con un beso.
19. Álvaro casi se muere del susto y solo puede decir: "Hasta mañana. Te veo en clase".
20. Sofía, que parece muy contenta, empieza a reírse y se va.

El pretérito perfecto: Ejercicios en parejas

⊕ Lösungen
x9m27y

Hoy vas a repasar el pretérito perfecto con un compañero. Haced juntos los siguientes ejercicios.

1 Combinad los elementos de las dos estrellas para formar frases en **préterito perfecto**. Gana la persona que escriba más frases en 2 minutos.

Ejemplo:
nosotros – volver: Hoy hemos vuelto en avión de España.

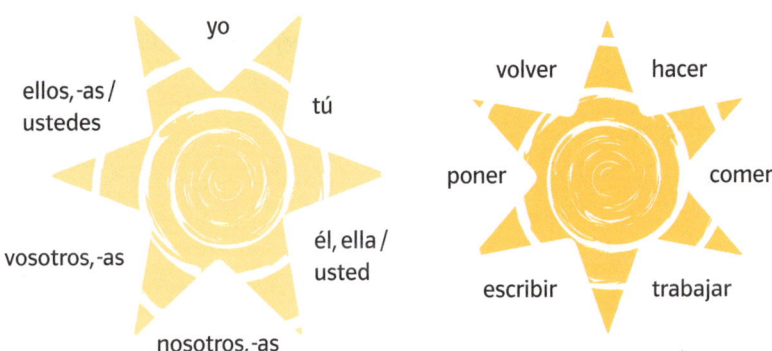

2 Pablo y Leire viven ahora juntos. Mirad la lista: Las cosas con ✓ ya están hechas. Explicad qué ha hecho cada uno de ellos y qué no.

Ejemplo:
A: Leire ya ha lavado los platos, pero todavía no...
B: Pues, Pablo...

Leire
- lavar los platos ✓
- limpiar el salón
- hacer la compra ✓
- preparar el desayuno
- abrir las ventanas
- escribir un correo a Ane ✓

Pablo
- hacer la comida
- volver del parque con el perro
- lavar la ropa ✓
- ir al banco a pagar el alquiler
- ver una serie en la televisión ✓
- pensar adónde ir el fin de semana

3 Haced una tabla como la de debajo en vuestro cuaderno. Después, escribid cuál de estas actividades habéis hecho una vez, más de una vez o nunca.

| dormir en un coche | pasar las vacaciones en un hotel de 5 estrellas |

| estar en España | romper un plato | viajar más de 12 horas en autobús |

| trabajar los sábados | escribir una carta al director de un periódico |

| comprar entradas de cine por Internet | comer empanadillas de pescado |

| decir más de 10 mentiras una mañana | hacer tres exámenes en un día |

| volver de una fiesta a las seis de la mañana | ver una película en español |

Ejemplo:
A: ¿Has dormido alguna vez en un coche?   B: ...

una vez		más de una vez		nunca	
yo	tú	yo	tú	yo	tú
				Nunca he dormido...	

4 Imaginad que, hace un año, uno de vuestros mejores amigos os contó estas cosas. Explicad si se han hecho realidad (*wahr werden*) o no y por qué (no).

Ejemplo:
A: No ha pasado: No he ido ningún día a la playa porque he tenido que trabajar.
B: Sí ha pasado: Este verano he ido casi todos los días a la playa porque he alquilado un piso en la costa con mis amigos.

1 Vas a ir a la playa este verano.	**2** Vas a estudiar en otro país.	**3** Vas a perder más de cinco kilos.
4 Vas a conocer a una persona famosa.	**5** No vas a decir mentiras.	**6** Vas a ver tres películas en el cine al mes.
7 Vas a hacer deporte más de cuatro veces a la semana.	**8** No vas a olvidar los cumpleaños de tus amigos.	**9** Vas a comer más verdura y no vas a tomar refrescos.

El subjuntivo y el imperativo negativo:
Ejercicios en parejas

⊕ Lösungen
x9m27y

Hoy vas a repasar el subjuntivo y el imperativo negativo con un compañero.
Haced juntos los siguientes ejercicios.

1 En una discusión es necesario tener buenos argumentos, pero también es
muy importante pensar en los posibles argumentos de la otra persona para
preparar vuestras reacciones. Por eso, mirad otra vez el uso del **subjuntivo** y
del **imperativo negativo** en vuestro *Grammatisches Beiheft*.

2 Imaginad que uno de vosotros es Ignacio y el otro eres "tú". Desde hace un
mes compartís un piso. Sois muy amigos, pero vivir juntos a veces no es fácil.
Decid qué os gusta u os molesta de la lista de debajo. También podéis escribir
más cosas en la lista.

Ejemplo:
Ignacio: Me gusta que cocines con poca sal.
Tú: Pues a mí me molesta que no limpies el baño después de ducharte.

- ~~cocinar con poca sal~~
- ~~no limpiar el baño después de ducharse~~
- no hacer nunca la compra
- hacerse a veces regalos
- lavar los platos solo una vez a la semana
- comer en el salón y no en la cocina
- cocinar con mucho aceite
- no saber cocinar
- escuchar la radio por la noche
- ver la televisión por la mañana
- (no) invitar a amigos
- hacer las mejores patatas fritas del mundo
- (no) apagar las luces de toda la casa cuando vas a la cama
- (no) ayudarse con los estudios
- hacer ruido hasta las dos de la mañana
- (no) preparar comida con mucha verdura o con mucho pescado
- dejar la ropa por el suelo
- encender el ordenador y no usarlo
- …

3 ¡Vamos a jugar! Cada jugador usa una moneda (*Geldstück*) para avanzar.
Si sale cara (*Kopf*), se avanza un puesto (*ein Feld*). Si sale cruz (*Zahl*),
se avanzan dos puestos. Completad las frases según las imágenes.
Por cada respuesta correcta tenéis un punto.
¿Quién tiene más puntos al final?

SALIDA

1 Me preocupa que...

2 Me da rabia que...

7 Me gusta que...

9 Es necesario que...

8 Me encanta que...

11 Te recomiendo que...

12 Me alegro de que...

10 Espero que...

4 Mirad los verbos de las casillas y las fotos. Después, haced frases en **imperativo negativo**. Gana el que más frases escriba en dos minutos. ¡Cuidado: Tenéis que usar "tú" o "vosotros" y a veces podéis usar los dos!

Ejemplo:
1. ¡No te sientes! / ¡No os sentéis!

comer   despedirse   gritar   ~~sentarse~~   abrir   jugar   hacer

quitarse   tocar   subirse   dormirse   encender

El condicional y el pretérito imperfecto de subjuntivo: Ejercicios en parejas

⊕ Lösungen
x9m27y

Hoy vas a repasar el condicional y el pretérito imperfecto del subjuntivo con un compañero. Haced los siguientes ejercicios.

1 El alumno A y el alumno B necesitan ayuda. Empieza el alumno A y pide ayuda al alumno B. Este responde a sus peticiones positiva o negativamente con el **condicional**. Después sigue el alumno B. Mirad el ejemplo.

Alumno A:
La semana que viene me voy a Sevilla y todavía no sé que visitar o hacer allí. ¿Tú que harías?

Alumno B:
Yo me compraría una guía de Sevilla. / Yo miraría en Internet la página "Qué hacer dos días en Sevilla".

Alumno A		Alumno B
1. La semana que viene vas a estar dos días en Sevilla y no sabes qué visitar o hacer allí. Pides a tu amigo, -a que te dé ideas.	→	2. Piensa en qué puedes recomendar a tu amigo, -a.
4. Busca en Internet un médico para tu amigo, -a y explícale cómo llegar hasta allí.	←	3. Tienes un problema en la mano y necesitas la dirección de un médico.
5. Te han invitado a casa de una familia a cenar y quieres llevar un regalo. Pides a tu compañero, -a que te dé ideas.	→	6. Piensa en qué regalos llevas a una casa cuando te invitan por primera vez.
8. Piensa en cosas que puedes recomendar a tu amigo, -a.	←	7. Después del invierno ves que tienes dos kilos de más y que no puedes ponerte los pantalones. Pides consejo a tu amigo, -a.
9. Tu abuela acaba de inventar un aparato que cocina solo y tú crees que va a revolucionar el mundo. Le pides consejo a tu amigo, -a porque te preocupa que alguien le robe la idea.	→	10. Piensa en cosas que puedes recomendar a tu amigo, -a.

2 Escribid un pequeño diálogo utilizando el **condicional** y el **pretérito imperfecto de subjuntivo** para cada una de las tarjetas, como en el ejemplo.

Ejemplo:
A: ¿Qué harías si te pusieras enfermo, -a en clase?
B: Si me pusiera enfermo, -a en clase, me iría a casa. ¿Y tú?
A: Yo llamaría a mi madre.
B: Y...

1 ponerse enfermo, -a en clase	**2** tener la mejor nota de la clase en un examen	**3** un profesor / quitarte el móvil
4 no llevar la ropa de deporte al instituto	**5** tu padre / tu madre no ir nunca por el instituto	**6** alguien / robar el bocadillo
7 un profesor / no venir a clase	**8** no tener hoy deberes	**9** no ver la pizarra
10 tus mejores amigos / hablar mal de ti	**11** un compañero, -a / llegar nuevo, -a a clase	**12** tener la peor nota de la clase en un examen
13 olvidarse la mochila con todas las cosas en casa	**14** tener que quedarte dos horas más después de clase	**15** un profesor / estar enfadado con vosotros, -as
16 pelearse con un compañero	**17** perder las gafas	**18** tu mascota / aparecer de repente en clase

El uso del pretérito imperfecto y del pretérito indefinido: Ejercicios en parejas

⊕ Lösungen
x9m27y

Hoy vas a repasar el contraste entre el pretérito imperfecto y el pretérito indefinido con un compañero. Haced juntos los siguientes ejercicios.

1 Hablad de los temas de debajo. Podéis hacer más preguntas. Aquí solo tenéis unas ideas. Usad el **pretérito imperfecto** y el **pretérito indefinido**.

¿Cuándo fue la última vez que compraste ropa? ¿Dónde? ¿Qué compraste? ¿Cómo era la cosa / eran las cosas que compraste? ...

A

¿Cuándo fue la última vez que comiste en un restaurante? ¿Dónde? ¿Cómo era el restaurante? ¿Qué pediste? ¿Te gustó la comida? Describe qué comiste, cómo estaban la comida y la bebida, cuánto pagaste, ...

B

¿Cuándo fue la última vez que fuiste a una fiesta? ¿Con quién fuiste? ¿Qué ropa llevabas / llevabais? ...

C

¿Cuándo fue la última vez que viste una película en el cine? ¿Te gustó? ¿De qué trataba? Cuenta un poco la película.

D

...

E

2 Elegid dos de las tarjetas y contad una anécdota que podrá ser verdad o no, como en el ejemplo.

Tarjeta 1:

Todos los días iba al instituto, pero el día que mi padre perdió el trabajo, me fui con él a pasear por el parque porque estaba muy triste y yo quería acompañarlo.

3 Primero, leed las tarjetas y elegid tres de ellas. Después, contad una anécdota sobre cada una de ellas que podrá ser verdad o mentira. Usad el **pretérito imperfecto** y el **pretérito indefinido**, como en el ejemplo.

Tarjeta 1:

Yo tenía un amigo que compraba mucha ropa. Un día, su madre le dio dinero para hacer la compra, pero él se fue al centro comercial y se compró unos pantalones con el dinero. A su madre le dio mucha rabia y le gritó.

Todos teníamos un amigo,-a que...	**1** compraba mucha ropa.	**2** comía solo hamburguesas.	**3** nunca hacía los deberes.
4 vivía en una casa con jardín.	**5** salía todos los fines de semana.	**6** tocaba la guitarra.	**7** tenía muchos hermanos.
8 se llamaba como tu padre / tu madre.	**9** trabajaba en un bar los fines de semana.	**10** tenía cada mes un novio / una novia diferente.	**11** iba muchos días a la semana al gimnasio.
12 llegaba siempre tarde.	**13** nadie lo / la soportaba.	**14** tenía mucho dinero.	**15** se peleaba con todo el mundo.
16 siempre decía muchas mentiras.	**17** los fines de semana siempre se levantaba tarde.	**18** tenía una mascota (gato, perro) o un caballo.	**19** te llamaba cuando estabas comiendo.

⊕ Lösungen
x9m27y

Un poco de todo: Más ejercicios en parejas

Hoy vas a repasar todo lo que has aprendido de gramática.
Haz con tu compañero los siguientes ejercicios.

1 a) Aitor tiene un blog de buenas acciones. Leedlo y comentad la posibilidad de poner en práctica alguna de sus propuestas. Utilizad diferentes tiempos verbales como más abajo.

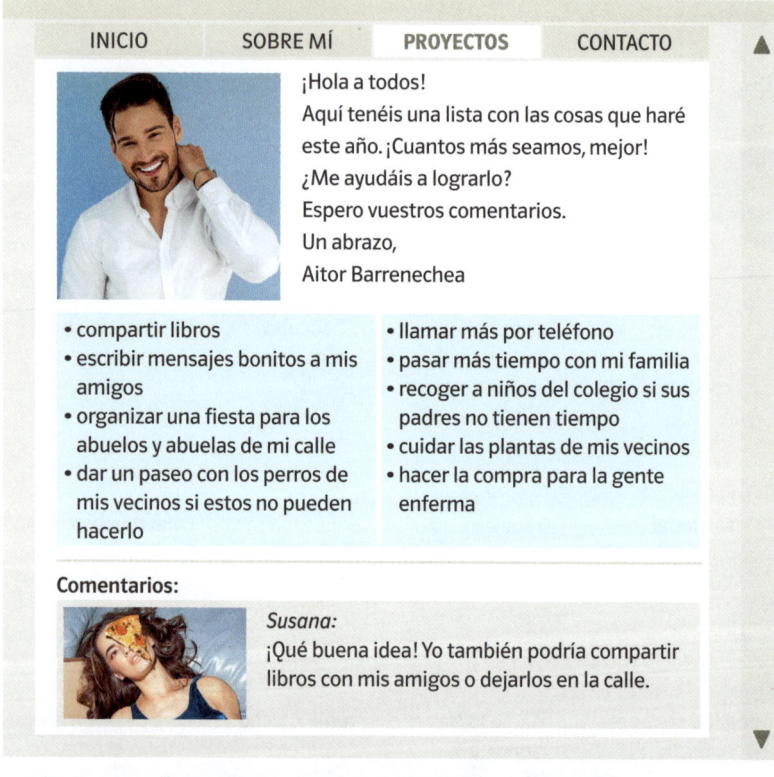

INICIO	SOBRE MÍ	**PROYECTOS**	CONTACTO

¡Hola a todos!
Aquí tenéis una lista con las cosas que haré este año. ¡Cuantos más seamos, mejor!
¿Me ayudáis a lograrlo?
Espero vuestros comentarios.
Un abrazo,
Aitor Barrenechea

- compartir libros
- escribir mensajes bonitos a mis amigos
- organizar una fiesta para los abuelos y abuelas de mi calle
- dar un paseo con los perros de mis vecinos si estos no pueden hacerlo

- llamar más por teléfono
- pasar más tiempo con mi familia
- recoger a niños del colegio si sus padres no tienen tiempo
- cuidar las plantas de mis vecinos
- hacer la compra para la gente enferma

Comentarios:

Susana:
¡Qué buena idea! Yo también podría compartir libros con mis amigos o dejarlos en la calle.

Yo creo que (+ futuro) … / Yo no creo que (+ subjuntivo) …
Pues yo (+ condicional) … / Si yo (+ pretérito imperfecto de subjuntivo), …

b) Valorad ahora las acciones que propone Aitor en su blog. Podéis usar las expresiones de debajo y las que aparecen en vuestro *Grammatisches Beiheft*.

Me parece normal que él… / Me parece raro que… / Está bien que… / Es importante que…

2 Lee las reglas de debajo. Marca cuáles son las diez más importantes para ti y compáralas con las de tu compañero.

1. hacer los deberes todos los días
2. pedir las cosas amablemente y dar las gracias
3. compartir las cosas con los hermanos
4. escuchar música con el volumen bajo
5. ordenar las cosas
6. apagar la tele cuando nadie la ve
7. lavar los platos después de comer
8. cerrar la puerta cuando alguien sale de una habitación
9. no llevar el móvil a la mesa cuando coméis
10. no gritar cuando alguien habla
11. no dejar la ropa en el suelo
12. no hacer ruido si la gente está durmiendo
13. poner otra vez en su lugar las cosas que alguien ha usado
14. lavarse las manos antes de comer
15. decir "adiós" cuando alguien sale de casa

A: Para mí es importante que la gente pida las cosas amablemente y dé las gracias.
B: Pues, para mí...

3 Hoy no estabas bien y has ido al médico en Bilbao. Él te ha dado unos consejos. Cuando llegas a casa, Ignacio quiere saber qué ha pasado. Cuéntale qué te ha dicho el médico, completando la frase en azul de debajo con cada uno de los consejos. Cada vez habla uno de vosotros con Ignacio.

El médico (no) quiere que...

6 Usa el ordenador solo media hora al día y vete todos los días a pasear una o dos horas.

5 Duerme todos los días entre siete y ocho horas.

1 Toma un buen desayuno.

2 Come mucha fruta y verdura, y descansa media hora después de comer.

3 Bebe mucha agua y toma poco café.

4 Haz deporte tres o cuatro veces a la semana.

4 Las siguientes personas tienen problemas. Escribid para cada caso por lo menos tres consejos en vuestro cuaderno. Después, comparad entre vosotros vuestros consejos.

Ejemplo: *Si yo fuera tú / ella, ...*

1

Mi español es muy malo.

2

Está siempre sola.

3

Su novio no quiere salir más con ella.

4

Quiero estar más delgado.

5 Jugad con un dado. El dado os dirá cuántas casillas tenéis que avanzar. Empieza uno de vosotros y tira el dado. Entonces, en la casilla correspondiente, tiene que preguntar a su compañero, como en el ejemplo, y este le tiene que responder. Después juega el otro.

Alumno 1: *¿Qué harías sin amigos?*
Alumno 2: *Sin amigos estaría muy triste. / Si yo no tuviera amigos, ...*

Alumno 2: *¿Qué harías si no pudieras leer?*
Alumno 1: *Si no pudiera leer, ...*

SALIDA

1

2

3

¡Vuelve a la casilla de salida!

5

4

6

7

8

9

10

¡Vuelve a la casilla de salida!

13

12

11

14

15

17

LLEGADA

16

18

6 Jugad con un dado. El dado os dirá cuántas casillas tenéis que avanzar. Empieza uno de vosotros: Tira el dado y contesta a la pregunta. Después, juega el otro.

SALIDA

1 ¿Qué has hecho hoy?

2 Imagina que eres tu compañero, -a. ¿Qué harías si fueras él o ella?

Utiliza el condicional y el pretérito imperfecto de subjuntivo.

3 ¿Qué sueño tuviste ayer?

Utiliza el pretérito imperfecto y el pretérito indefinido.

12 ¿Cuáles han sido el mejor y el peor regalo que te han hecho? ¿Por qué?

Utiliza el pretérito imperfecto y el pretérito indefinido.

pretérito perfecto

11 ¿Qué harás después de terminar el instituto?

10 Tu amigo / amiga de intercambio está unos días en tu ciudad y tú no quieres que le roben. Dale consejos.

Utiliza el imperfecto de subjuntivo, el presente de subjuntivo y el imperativo negativo.

9 ¿Cuáles han sido tus peores navidades?

Utiliza el pretérito imperfecto y el pretérito indefinido.

13 ¿Qué tiempo hará la semana que viene?

indicativo

14 ¿Cómo eras cuando eras niño, -a?

Utiliza el pretérito imperfecto.

17 La última vez que tu madre o tu padre se enfadaron contigo, ¿qué pasó?

Utiliza el pretérito perfecto, el pretérito imperfecto o el pretérito indefinido.

pretérito imperfecto de subjunti

18 ¿Qué harías si fueras muy rico?

15 ¿Cuáles han sido tus mejores vacaciones? ¿Por qué?

Utiliza el pretérito imperfecto y el pretérito indefinido.

16 Hazle una pregunta a tu compañero, -a.

pretérito imperfecto

condicional

19 Compara la vida de tus abuelos con tu vida.

Utiliza el pretérito imperfecto.

6
Da consejos a un amigo, -a al que le gusta una persona y no sabe qué hacer.

Utiliza el imperfecto de subjuntivo y el imperativo negativo.

4
Pide a tu compañero, -a que te haga una pregunta.

5
Di cinco cosas que te molestan y cinco que te encantan.

Utiliza el presente de subjuntivo.

7
Compara tu antiguo colegio con tu instituto.

Utiliza el pretérito imperfecto.

imperativo negativo

8
¿Recuerdas cómo era tu primer profesor / primera profesora de Inglés? Cuenta también una anécdota.

Utiliza el pretérito imperfecto y el pretérito indefinido.

23
Di a tu compañero, -a que te haga una pregunta.

24
¿Qué te gustaba hacer cuando eras niño, -a? Cuenta una anécdota divertida.

Utiliza el pretérito imperfecto y el pretérito indefinido.

futuro

21
¿Cuál ha sido tu mejor cumpleaños? ¿Por qué?

Utiliza el pretérito imperfecto y el pretérito indefinido.

22
Da consejos a tus profesores para que las clases sean más interesantes.

Utiliza el presente de subjuntivo y el pretérito imperfecto de subjuntivo.

25
¿Cuál ha sido la última película que has visto?

Utiliza el pretérito perfecto, el pretérito imperfecto o el pretérito indefinido.

20
Si esta tarde no tuvieras deberes o no tuvieras que estudiar, ¿qué harías?

Utiliza el condicional.

pretérito indefinido

26
¿Qué hiciste el fin de semana pasado?

Utiliza el pretérito imperfecto y el pretérito indefinido.

LLEGADA

presente de subjuntivo

7 Natalia nos cuenta un viaje que hizo hace unos días con sus amigos. Completad cada uno de vosotros el texto con los verbos en **pretérito perfecto**, **pretérito imperfecto** o **pretérito indefinido**.
Después, dad el texto a vuestro, -a compañero, -a. Él / Ella lo corrige y explica a la otra persona por qué se usa uno u otro tiempo.

El sábado, mis amigos Silvia, Luis, Paco, Marta, Laura y yo (salir) a las ocho de la mañana de casa para ir a la estación de autobuses de Burgos porque (querer) ir
5 unos días a la playa. Allí (tomar) un autobús que nos (llevar) hasta Santander. El viaje (durar) casi tres horas, pero (ser) muy bueno: Desde el autobús, (poder) ver los campos que (estar) muy verdes. Además, (hacer) sol.

10 Todos (estar) muy contentos porque (ir) a pasar unos días juntos.
A las once (llegar) a la estación de Santander y (irse) directamente al hotel. (Dejar) allí nuestras maletas y (salir) a dar una vuelta por la ciudad. (Haber) mucha gente en las terrazas de los bares que (estar) cerca de la playa.
Así que (decidir) tomar algo en una de ellas que (estar) al sol. Después,
15 (visitar) la ciudad.
Ayer por la mañana, Silvia, Luis, Paco, Marta y yo (levantarse) temprano porque (querer) ir a hacer surf. (Estar) ya desa-yunando, cuando Laura (entrar) en la
20 cafetería del hotel. (Parecer) enferma, (estar) de mal humor y no (querer) ir a la playa. Al final, (quedarse) en el hotel, pero nosotros (comprar) unos bocadillos y unas botellas de agua y (pasar) el día en la playa.

A las ocho de la tarde, cuando (llegar) al hotel, no (encontrar) a Laura en su
25 habitación. El chico de la recepción nos (decir): "Vuestra amiga está en la terraza". (Ir) todos a la terraza y allí (estar) ella con Manu, un chico de Madrid que (estar) también de vacaciones en nuestro hotel. (Estar) haciendo planes para ir de excursión a Santillana del Mar.
30 Hoy, después de levantarnos, (ir) todos a Santillana. Cuando (llegar) allí, (empezar) a llover. Pero no (llover) mucho, así que (poder) ver el pueblo y hacer muchas fotos. ¡(Ser) un día perfecto porque (comer) muy
35 bien, (pasear) y (reírse) mucho!